Wie zähmt man einen Elefanten und einen Affen?

WIE ZÄHMT MAN EINEN ELEFANTEN UND EINEN AFFEN?

INDIVIDUELLE MEDITATION IN 12 BILDERN UND 16 ERZÄHLUNGEN

VON
JÜN XIAN

WERNER KRISTKEITZ VERLAG

Originalausgabe. Copyright © 2009 by Werner Kristkeitz Verlag, Heidelberg-Leimen. Alle Rechte für sämtliche Medien und jede Art der Verbreitung, Vervielfältigung, Speicherung oder sonstigen, auch auszugsweisen, Verwertung bleiben vorbehalten.

ISBN 978-3-932337-28-4

Internet: www.kristkeitz.de

Inhaltsverzeichnis

Prolog: Die Zähmung des Elefanten und des Affen 9

Vorwort 16
    Übung 16
    Konzentration 18
    Geistesschärfe und Achtsamkeit 19
    Geisteskraft 20

Wie zähmt man einen Elefanten und einen Affen? 23

Vor dem Beginn 26
    Kleine Schwierigkeiten 26

Der Beginn 31

Der Mann, der Elefant und der Affe 34
    Übung: Universelle Meditation So-Ham 36

Training der Konzentration 38
    Übung: Zählmeditation 39

Konzentration und lauwarme Trance 42

Art und die Dauer des Meditierens 46
    Grundlagen für die Bestimmung
        der passenden Meditation 46
    Das Fünf-Wandlungsphasen-Modell 49
    Passende und unpassende Meditationen 49
    Die Dauer des Meditierens 51

Die Geistesschärfe 53

Meditationen für Fortgeschrittene 56

Meditationen über Gott und Nichts 60
    Meditation der Gottesform 62
    Die edle Meditation der absoluten Stille 63

Die erste Einsicht 65

Rückzüge 72
    Meditationstage 75
    Tägliche Treffen 77
    Meditationswochen 77
    Rückzüge in die Einsamkeit 84

Vorbereitung auf den großen Sprung 86

Einsichtsmeditationen und Kreativität 90

Geisteskraft 93
    Meditationen zur Stärkung der Geisteskraft 95

Die große Einsicht und danach 98
    Arten von Samadhi 99

Glossar 104

Über den Autor 110

Prolog
Die Zähmung des Elefanten und des Affen
Eine alte tibetische Geschichte

Es gibt zwei Feinde der Konzentration. Auf Tibetisch heißen sie *göpa* und *jingwa*. Göpa bedeutet beschäftigte, wilde oder zerstreute Aufmerksamkeit. *Jingwa* bedeutet Schläfrigkeit, Trägheit oder Versenkung.

Göpa entsteht meist aus einem Verlangen, dem der Geist sofort folgt. Ist der Geist auf irgendetwas außer dem Konzentrationsobjekt gerichtet, bezeichnet man dies als *göpa*. Ist der Geist schläfrig oder unachtsam, so handelt es sich *jingwa*. Wenn man lernen möchte seinen Geist zu kontrollieren, muss man daran arbeiten diese Störungen zu überwinden und zu beseitigen. Hängt in einem dunklen Zimmer an der Wand ein schönes Bild, benötigt man eine Kerzenflamme, um es anzuschauen. Durchzieht ein Luftzug das Zimmer, so beginnt die Flamme zu flackern und das Bild ist nicht mehr deutlich erkennbar. Ist die Flamme sehr klein und gibt sie zu wenig Licht ab, so kann man das Bild ebenfalls nicht deutlich sehen. Nur wenn die Flamme stark und ruhig ist, sieht man das Bild klar. Die Flamme steht für den Geist, das Bild für ein Konzentrationsobjekt, der Luftzug für *göpa* und die schwache Flamme für *jingwa*.

In frühen Stufen der Konzentrationsübung tritt die erste Störung (*göpa*) häufiger auf. Der Geist »springt« sofort vom Konzentrationsobjekt auf andere Dinge. Wer sich beispielsweise ein bekanntes Gesicht vorstellt und versucht, es einige Sekunden vor seinem inneren Auge zu bewahren, wird aller Wahrscheinlichkeit nach Mühe haben, die typischen Gesichtszüge zu sehen. Es ist sehr mühsam, diese Schwierigkeiten zu überwinden, weil man im Lauf seines Lebens viele Gewohnheiten erworben hat und dadurch nicht in der Lage ist, über eine längere Zeit seine Aufmerksamkeit auf einem

Objekt zu halten. Es ist äußerst schwierig, eine alte Gewohnheit durch eine neue zu ersetzen. Gute Konzentration ist eine notwendige Voraussetzung für jede höhere Meditationsart und alle mentalen Tätigkeiten.

Denpa, geistige Sammlung, und *shezhin*, klare Einsicht in die Bewusstseinszustände, kämpfen gegen *göpa* und *jingwa*. Der Elefant steht für den Geist des Übenden. Elefanten, einmal gezähmt, folgen immer den Befehlen ihrer Herren. Das Gleiche gilt für den Geist. Ist der Elefant wild und ungezähmt, kann er sehr gefährlich und schädlich werden. Kontrolliert man den eigenen Geist nicht, kann er viel Leid verursachen. Der Augenblick, in dem jemand wegen des eigenen ungezähmten Geistes leidet, lässt sich mit einem wilden Elefanten vergleichen, der tiefe Fußabdrücke hinterlässt. Diese Abdrücke stehen für das »geistige Gift«. Arbeitet man beständig daran, den eigenen Geist zu vervollkommnen, wird er in der Lage sein, vieles für einen zu leisten. Laut Buddha sind vom Leid bis zum Glück alle Bewusstseinszustände durch die Tätigkeiten des eigenen Geistes verursacht.

Am Anfang ist der Elefant schwarz – das ist *jingwa*, Versenkung des Geistes. Vor dem Elefanten befindet sich der Affe – *göpa*, die Zerstreutheit des Geistes. Der Affe kann keinen Augenblick ruhen. Ständig springt er umher, beschäftigt sich mit sinnlosen Dingen und wird von allem leicht abgelenkt, egal was er tut. Zunächst folgt der Elefant dem Affen; *göpa* führt den Geist zu unterschiedlichen Dingen. Hinter dem Elefanten geht der Mensch, der versucht, den eigenen Geist zu trainieren. In einer Hand hält er eine Leine – *denpa*, in der anderen einen Haken – *shezhin*.

Zuerst führt der Affe den Elefanten, der ihm folgt, ohne auf den Menschen zu achten, der hinter ihm herläuft. Der Meditierende kann den eigenen Geist nicht kontrollieren.

Auf der zweiten Stufe hat der Mensch den Elefanten beinahe erreicht. Er wirft dem Elefanten die Leine um den Hals und der Elefant dreht sich zu dem Menschen um.

Nun auf der dritten Stufe kann der Geist durch *denpa* einigermaßen gezähmt werden. Jetzt sitzt ein Hase auf dem Elefanten, der Hase symbolisiert das feinstoffliche *jingwa*. Früher hat man das feinstoffliche *jingwa* als eine natürliche Eigenschaft der Konzentration betrachtet – heute betrachtet man es als einen schädlichen Faktor. In den frühen Phasen benutzt man häufiger *denpa* als *shezhin*.

Auf der vierten Stufe ist der Elefant folgsamer, und der Mensch kann die Leine etwas lockerer halten.

Auf der fünften Stufe benutzt der Mensch die Leine und den Dressur-Haken gleichzeitig, während der Affe dem Elefanten folgt. Die Zerstreutheit des Geistes, *göpa*, stört den Übenden beim Meditieren nicht mehr. Er benutzt hauptsächlich nur noch *shezhin*.

Auf der sechsten Stufe folgen der Elefant und der Affe gehorsam dem Menschen. Er muss sich nicht mehr umdrehen, um den eigenen Geist zu kontrollieren. Der Hase, das feinstoffliche *jingwa*, ist verschwunden.

Auf der siebten Stufe überlässt es der Übende dem Elefanten, ihm freiwillig zu folgen. Die Leine und der Haken müssen nicht mehr benutzt werden. In diesem Augenblick geht der Affe weg. *Göpa* und *jingwa* erscheinen nur gelegentlich und in sehr abgeschwächter Form.

Auf der achten Stufe erscheint der Elefant ganz in weiß und folgt dem Menschen gehorsam. Es gibt weder Trägheit noch Zerstreutheit. Der Übende braucht sich nur noch wenig anzustrengen, um richtig zu meditieren.

Auf der neunten Stufe sitzt der Mensch in Meditation, während der Elefant ihm zu Füßen liegt. Der Übende ist in der Lage, sich auf die meditativen Aufgaben tage-, wochen- und sogar monatelang ohne Anstrengung zu konzentrieren.

Auf der zehnten Stufe sitzt der Mensch auf dem Elefanten und erreicht das vollkommene *zhine*, den ruhigen Geist.

Die elfte Stufe ist dadurch gekennzeichnet, dass der Mensch, auf dem Elefanten sitzend, das Schwert in der Hand hält. Der Übende beginnt eine ganz neue, so genannte »höhere Meditation« – er fängt an, die Einsichtsmeditation zu praktizieren.

Auch das Feuer ist auf jeder Stufe abgebildet. Das Feuer steht für die zum Meditieren notwendige Kraft. Das Feuer erlischt allmählich, weil der Übende immer weniger Kraft für die Meditation braucht. Es erscheint wieder bei der elften Stufe, wenn der Übende mit der für ihn neuen Einsichtsmeditation beginnt.

Göpa lenkt unsere Gedanken auf die fünf Sinnesobjekte, die man schmecken, spüren, hören, sehen und riechen kann. Sie werden durch die Nahrung, durch Textilien, durch Musikinstrumente, durch den Spiegel und durch Düfte dargestellt. Die ersten neun Stufen sind die fünf Wege des *zhine*. Auf der zehnten Stufe erlangt der Übende die Vollkommenheit des Geistes, das wahre *zhine*.

Wenn wir *zhine* üben und dabei beispielsweise eine Abbildung Buddhas als Meditationsobjekt benutzen, müssen wir sie zuerst so gut wie möglich betrachten. Fangen wir danach an zu meditieren, betrachten wir nicht mehr die Abbildung, sondern richten unsere Aufmerksamkeit auf die Erinnerung der Abbildung, indem wir sie mit dem geistigen Auge beobachten. Zuerst wird die Erinnerung an das Objekt gar nicht deutlich sein; und doch sollten wir nicht versuchen, es klarer zu sehen – denn es ist unmöglich, damit zu beginnen. Stattdessen sollte man sich bemühen, den geistigen Blick auf das Erinnerungsobjekt zu lenken, unabhängig davon, ob es klar ist oder nicht. Die Klarheit wird zuletzt auf natürliche Weise eintreten. Am Anfang fällt es uns enorm schwer, uns auf das Meditationsobjekt zu konzentrieren; der Geist springt unaufhörlich hin und her. Bleiben wir beim Meditieren von Tag zu Tag beständig, stellen wir fest, dass wir den Geist im Lauf der Zeit immer länger auf dem Objekt halten können, erst eine bis zwei Minuten, dann drei bis vier, usw. Jedes Mal, wenn der Geist das Objekt verlässt, muss *denpa* ihn zurückbringen. *Shezhin* sollte benutzt werden, um zu sehen, ob Schwierigkeiten auftauchen. Wenn der Mensch einen Krug voll heißen Wassers einen engen Pfad entlangträgt, ist ein Teil seines Geistes auf das Wasser gerichtet, und der andere Teil achtet auf den Weg. *Denpa* muss die Konzentration aufrechterhalten, *shezhin* muss auf die Schwierigkeiten achten, die eventuell auftauchen könnten. Später müssen wir *denpa* nicht mehr so oft benutzen; mit viel Übung zieht sich *göpa* zurück. Durch den Kampf gegen *göpa* wird der Geist müde, und das erzeugt etwas *jingwa*. Nach einer Weile erreicht er die Stufe, auf der er sich überglücklich und gelassen fühlt. Diesen Zustand verwechselt man oft mit dem wahren *zhine*, in der Tat ist es jedoch feinstoffliches *jingwa*; es schwächt den Geist. Wenn wir weiter intensiv üben, wird auch dies verschwinden; wenn wir diese Schwierigkeit beseitigen, wird unser Geist klarer und wacher; sogar das Objekt wird klarer und die Meditationszeit verlängert sich. Der Körper verweilt in Ruhe, wir verspüren weder Hunger noch Durst. Mit der Zeit kann der Meditierende dies monatelang fortsetzen. Wie der Übende dabei seinen Geist empfindet, lässt sich mit Worten nicht mehr beschreiben.

Wenn wir uns ein Stück Textilgewebe anschauen, werden wir es zwar sehen, jedoch nicht scharf und detailliert. Nur wer seinen inneren Blick auf das Textilgewebe richtet, ist in der Lage es deutlich und klar zu sehen. Wenn der Mensch stirbt, wird sein Geist schwächer, meditiert er aber während des Sterbens, bleibt der Geist frisch und klar. Wer stirbt, verspürt meistens Täuschungen und Ängste, was zu tiefem Leiden führt. Wenn jemand erfolgreich meditiert, richtet er seinen Geist auf *Buddha*, *Dharma* (die buddhistische Lehre) und *Sangha* (die Mönchsgemeinde), was ihn vom Leid beim Sterben befreit.

Auf der neunten Stufe fühlen wir uns sehr glücklich und ausgeglichen; aber das ist noch nicht die wahre Vollendung der Meditation. Selbst wenn wir auf ein Objekt vollkommen konzentriert sind, ist immer noch nicht die Vollkommenheit des Geistes erreicht. Den heiligen Schriften zufolge würde es den Übenden selbst dann nicht beunruhigen, wenn die Wand neben ihm zusammenfallen würde. Setzt er die Meditation fort, spürt er ein besonderes Vergnügen in seinem Geist und Körper; dann nähert er sich dem Ziel des *zhine*. Der Körper fühlt sich leicht und unermüdlich; das ist auf dem Bild durch den fliegenden Menschen symbolisch dargestellt. Sein Körper ist sehr gelenkig und der Geist kann sich jeder Art der Meditation zuwenden, etwa wie dünne Kupferdrähte, die unter Strom vibrieren, die sich in alle Richtungen drehen können, ohne dabei zu platzen. Er spürt, dass das Objekt sich mit seinem Geist vereinigt hat.

Während der Übende seine Aufmerksamkeit auf das Meditationsobjekt richtet, ist sein Geist in der Lage die wahre Natur des Objektes zu erkennen. Setzt er die Übung fort, verspürt er besonderes Vergnügen bei der Beobachtung des Objektes. Dabei erkennt er auch, ob dieses Objekt leidet oder nicht, ob es beständig oder veränderlich ist, und er erkennt die höchste Wahrheit, die sich in dem Objekt befindet. Der tibetische Name für diese Einsichtsmeditation lautet *ihagthong*; *ihag* bedeutet höher und *thong* bedeutet verstehen oder begreifen. Durch diese Meditation begreift der Geist das Objekt besser als durch einfache Konzentration; wenn man die Übung einmal gemeistert hat, kann sich der Geist jedem Objekt zuwenden. Die Vervollständigung des *ihagthong* bietet großes geistiges Vergnügen, aber wenn der Mensch sich damit zufrieden gibt, ist es, als bliebe ein fertig gebautes Flugzeug am Boden stehen.

Der Geist muss sich tieferen und höheren Dingen zuwenden. Er muss benutzt werden, um auf der einen Seite *karma* und *klesha* (mentale Verschmutzung) zu überbrücken, und auf der anderen Seite, um Buddhas Tugenden zu gewinnen. Dazu kann das Meditationsobjekt nur *shunyata* (Leere) sein; andere Meditationen bereiten den Geist darauf vor. Wenn wir eine sehr gute Fackel haben, die alles, worauf wir unsere Aufmerksamkeit richten, beleuchten kann, müssen wir sie benutzen, um das Wesentliche zu entdecken. Ursprung all unserer Schwierigkeiten ist das Unwissen (*avidya*). Wir müssen unser Wissen über *shunyata* nutzen, um das Unwissen zu vertreiben; der Geist muss das gereinigte *zhine* nutzen, sowie *ihagthong*, um die Wurzeln des Unwissens zu durchschneiden.

Auf der letzten Stufe hält der Mensch das flammende Schwert (die Einsicht über die wahre Natur des *shunyata*), um zwei schwarze Linien zu durchschneiden, die zwei *avarane* (Störungen) symbolisieren: die Störung des Unwissens (*jneya-varane*) und die Störung der Verschmutzung (*klesha-varane*). Die Letztere schließt sowohl *karma* als auch *klesha* ein.

Die Erkenntnis des *shunyata* ist von essenzieller Wichtigkeit für die Beseitigung der Ignoranz. Wenn der Mensch sich einmal der Leere (*shunyata*) nähert, befindet er sich auf dem Wege des *prajna-paramita* (*prajna* = Weisheit, *paramita* = Vollkommenheit).

Vorwort

Die Geschichte über einen Mann, einen Elefanten und einen Affen stammt aus Tibet und diente vor langer Zeit dazu, buddhistische Novizen und Mönche anzuspornen, sich auf die Suche nach dem Nirvana zu machen – auch und besonders dann, wenn sie sich niedergeschlagen fühlten, die Hoffnung verloren hatten, verzweifelt über das Verlassen des Weges nachdachten, dass sie es schaffen können, dennoch weiterzumachen. Die Geschichte entspricht der japanischen Lehrgeschichte der »zehn Bullenbilder«, auch bekannt unter der Bezeichnung »Der Ochs und sein Hirte«, die dank der Verbreitung des Zen-Buddhismus bekannt geworden ist. Sie wurde als Vorlage benutzt, um die Lehre der Individuellen Meditation darzustellen.

Wer sich auf die Suche nach der *Wahren Natur aller Dinge* begibt, geht meist nicht davon aus, dass er Schwierigkeiten mit der eigenen Willenskraft haben wird. Der Meister weiß jedoch, dass seinen Schülern die Erfahrung fehlt, um den Unterschied zwischen einem starken und einem schwachen Willen festzustellen. Die Schüler verfügen über einen Willen, den sie manchmal besser, manchmal schlechter benutzen können, der aber nicht ausreicht, um das weit entfernte Ziel zu erreichen – die Einsicht in die wahre Natur aller Dinge.

Um den eigenen Willen zu testen, genügt es deshalb nicht, dass sich der Schüler auf seine Erfahrung verlässt. Der *Meister* hingegen kennt die Techniken, mithilfe derer sich seine Schüler der Schwäche ihrer Willenskraft bewusst werden können. Jeder Leser kann durch die folgende Übung überprüfen, inwieweit er seinen eigenen Willen unter Kontrolle hat.

Übung
Bereiten Sie sich auf die Übung vor, indem Sie sich auf einen bequemen Stuhl setzen, entspannen und die Entscheidung

treffen, so gut wie möglich zu üben. Richten Sie Ihre Aufmerksamkeit auf einen Punkt an der Wand und versuchen Sie ihn 12 Sekunden lang gedankenlos zu fixieren. Wahrscheinlich werden Sie feststellen, dass doch der eine oder andere Gedanke in ihrem Bewusstsein aufgetaucht ist. Wie entschlossen Sie sich auch vornehmen, den Punkt an der Wand ohne Gedanken zu beobachten, Sie werden feststellen, dass das ein unerreichbares Ziel ist!

Der Lehre der Individuellen Meditation zufolge besteht der Wille aus Konzentration und Geisteskraft. Konzentration wird als Fähigkeit definiert, die Aufmerksamkeit auf ein einzelnes Objekt oder auf einen Prozess zu richten, Geisteskraft bezeichnet die Fähigkeit, sich mit dem Objekt bzw. Prozess, auf den die Aufmerksamkeit gerichtet ist, intensiv zu beschäftigen. In dem Beispiel mit dem Punkt an der Wand zeigt sich die Konzentration dadurch, dass der Beobachter über eine gewisse Zeit seinen Blick auf dem Punkt hält. Die Geisteskraft zeigt sich dadurch, dass der Übende den Punkt mit Hingabe beobachtet, bis sein Geist von dem Punkt so erfüllt wird, dass in ihm kein anderer Gedanke auftauchen kann.

Wer einen starken Willen entwickeln möchte, muss den Weg zurücklegen, der in der Geschichte über den Mann, den Elefanten und den Affen beschrieben ist. Das Ende der Geschichte ist jedoch nicht das Ende des Weges, sondern nur die »Vorstufe« – denn erst wenn der Geist mit einem starken Willen ausgestattet ist, kann er die Barriere durchbrechen, die er sich im Lauf der Jahre aufgebaut hat. Die Barriere besteht aus den Gewohnheiten, der Gier nach Sinnesfreuden, nach Haben und Macht sowie aus der inneren Zerrissenheit. Ein Mensch mit dieser Barriere möchte viele Dinge gleichzeitig haben und ist nicht bereit, auf manches zu verzichten, um sich anderen, noch wichtigeren Dingen zu widmen.

Wer die Entscheidung trifft, diese Barriere zu überwinden, muss sich mit den dafür notwendigen Fähigkeiten aus-

statten, besonders wenn er die Meditation als das Werkzeug der geistigen Entwicklung wählt. Diese Fähigkeiten sind:
1. Eine stabile Konzentration
2. Eine hoch entwickelte Achtsamkeit
3. Eine starke Geisteskraft

Konzentration
Die Konzentration lässt sich in vier Stufen unterteilen.

Die erste Stufe wird als *schwache Konzentration* bezeichnet. Der Übende dieser Stufe versucht seine Aufmerksamkeit auf das Meditationsobjekt zu richten und auf dem Meditationsobjekt zu halten, aber dies gelingt ihm nur gelegentlich. Andere Inhalte (Gedanken, Geräusche und Empfindungen) lenken ihn ab, und trotz seiner großen Entschlossenheit, muss er feststellen, dass er das Meditationsobjekt nur wenige Sekunden lang »festhalten« kann, bevor er mit seinen Gedanken abschweift.

Die zweite Konzentrationsstufe bezeichnet man als *dauerhafte Konzentration*. Der Übende ist in der Lage, trotz aller Versuchungen, seine Aufmerksamkeit auf dem gewählten Objekt zu halten, obwohl auch andere Inhalte durch sein Bewusstsein laufen – wie ein »Rauschen« im Hintergrund –, von denen er sich jedoch nicht ablenken lässt. Seine Konzentration ist zwar noch nicht stabil, sie schwankt, bleibt aber trotzdem unter seiner Kontrolle, und er weiß, dass er, solange er wach bleibt, sich nicht von dem Meditationsobjekt ablenken lässt.

Die dritte Stufe der Konzentration heißt *stabile Konzentration*. Der Übende kann sich dem Meditationsobjekt nun so stark widmen, dass er nur noch dieses Objekt in seinem Geist hat. Weder Gedanken noch Empfindungen oder andere Reize erscheinen im Hintergrund. Das Objekt erfüllt sein ganzes Bewusstsein. Es kostet den Übenden zwar enorme Kraft, sich so stark zu konzentrieren, aber die Erkenntnis, es schaffen zu können, ist Belohnung genug für die enorme

Mühe. Bis zu zwei Stunden kann eine solche Meditation dauern. Der Übende hat während des gesamten Zeitraums den Eindruck, seinen Geist mit dem Objekt untrennbar zu verbinden und sich mit dem Objekt zu vereinigen. Erst wenn die Erschöpfung ihn überwältigt, verliert er die Kontrolle über diesen Zustand.

Die vierte und höchste Konzentrationsstufe wird als *mühelose Konzentration* bezeichnet. Der Übende muss sich nicht mehr bemühen, um sich mit dem Meditationsobjekt zu vereinigen. Sobald er anfängt zu meditieren, »fließt« sein Geist unaufhörlich zum Objekt, als würde er in jedem Augenblick neu geboren. Er hat den Eindruck, diesen Zustand als die eigene wahre Natur zu erkennen. Daraus ergibt sich das nächste Hindernis auf dem Entwicklungsweg – das Bedürfnis, für immer in diesem Zustand zu bleiben. Es besteht jedoch keine Gefahr, dass dies tatsächlich passiert, weil der Geist nach einiger Zeit von allein (spätestens nach zwei Stunden) in den Alltag zurückkehrt und sich, erholt und klar, den pragmatischen Dingen des Lebens widmen kann.

Geistesschärfe und Achtsamkeit

Die Achtsamkeit wird in der Lehre der Individuellen Meditation als Geistesschärfe bezeichnet. Verfügt der Übende über eine »perfekte« Geistesschärfe, kann er sich mit dem Objekt vereinigen; fehlt sie ihm, bleibt die Einsicht in die wahre Natur aller Dinge aus – auch dann, wenn er die höchste Konzentrationsstufe, die Stufe der *mühelosen* Konzentration gemeistert hat.

Die Konzentration entspricht dem Blick durch ein Fenster, die Geistesschärfe dem Fernglas, durch das der Blick auf das Meditationsobjekt gerichtet ist. Um die wahre Natur zu erkennen, muss der Geist sich auf das Meditationsobjekt einstellen. Da während des Meditierens unterschiedliche Phänomene entstehen, wie z.B. Vorstellungen, Körperempfindungen und Gedanken, muss der Geist in der Lage sein, sie von der wahren Natur des Objektes zu unterscheiden. Dazu dient die Geistesschärfe. Diese Form der Achtsamkeit wird in der Lehre der Individuellen Meditation als *objektbezogene Geistesschärfe* bezeichnet. Die zweite Form der Achtsamkeit heißt *freie Geistesschärfe*. Sie bezieht sich auf die Fähigkeit des Übenden, sich aller wahrgenommenen Geschehnisse bewusst zu werden – sie ist die Voraussetzung für das Leben im »Hier und Jetzt«.

Obwohl der Übende nur ein Objekt in seinem Fokus halten kann, muss er manchmal gleichzeitig auf mehrere Dinge achten. Wer die *freie Geistesschärfe* praktiziert, befindet sich in einer »Lauerstellung«, in der es dem Übenden gelingt, auf mehr als ein Objekt zu achten. Eine gute Meditation zu diesem Zweck ist, sich in der freien Natur hinzusetzen, sich vorzunehmen bewegungslos zu sitzen, den zerstreuten Blick auf nichts zu richten und sich aller Reize, die im Blickfeld erscheinen, bewusst zu werden. Dabei bleiben die Augäpfel des Übenden bewegungslos und er empfindet sein Blickfeld als einen Bildschirm, auf dem unterschiedliche Ereignisse ablaufen. Der Übende bewertet diese Ereignisse nicht, sondern bleibt ihnen gegenüber neutral.

Geisteskraft

Die Geisteskraft betrachtet man als zweites Werkzeug für die Einsicht in die wahre Natur aller Dinge. Sie wird in drei Stufen unterteilt:

Die erste Stufe bezeichnet man als *schwache Geisteskraft*. Sie führt dazu, dass sich der Übende nur oberflächlich mit verschiedenen Inhalten beschäftigt. Besucht er beispielsweise eine für ihn interessante Ausstellung in einem Museum, hastet er von einem Bild zum nächsten, ohne sich in die komplexen Inhalte eines Bildes zu vertiefen. Selbst wenn er neben der schwachen Geisteskraft über eine stabile Konzentration und eine perfekte objektbezogene Geistesschärfe verfügen würde, bliebe er zwar vor den für ihn anziehenden Werken über eine längere Zeit stehen, könnte sich aber trotzdem nicht gründlich mit den komplexen Inhalten beschäftigen, sondern diese nur oberflächlich begreifen. Ohne die Fähigkeit, sich in die Suche nach der versteckten Bedeutung der Bilder zu vertiefen, erlebt der Besucher nichts Neues und fängt schnell an, sich zu langweilen.

Die zweite Stufe heißt *starke Geisteskraft*. Sie zeichnet sich dadurch aus, dass der Übende sich nun mit einem komplexen Inhalt oder Objekt intensiv und gründlich beschäftigen kann. Er schweift nicht mehr ab und entziffert auch versteckte Bedeutungen und Strukturen des Objektes, besonders wenn er mit den Inhalten vertraut ist. Er ist in der Lage, sich in ein Thema zu vertiefen, sich dem Thema hinzugeben und dabei das Gefühl für die Zeit zu verlieren. Der einzige Nachteil der festen Geisteskraft liegt darin, dass der Übende bei jedem Thema seine ganze Geisteskraft einsetzt und sich dadurch bei einfachen Themen genauso verausgabt wie bei äußerst komplexen Problemen.

Die dritte Stufe wird als *perfekte Geisteskraft* bezeichnet. Neben der starken Geisteskraft verfügt der Übende auf dieser Stufe zudem über die Fähigkeit, die Intensität der Geisteskraft dem Schwierigkeitsgrad des Themas anzupassen. Damit geht er mit seinen Ressourcen schonend um und sein Geist wird formlos und ohne Täuschungen. Sobald er in Berührung mit einem Objekt kommt, nimmt er die Form und die Natur dieses Objektes ein. Er ähnelt dem langsam fließenden Wasser, das sich dem Bachbett anpasst und dabei so flexibel ist, dass seine Form in ständiger Veränderung bleibt. Obwohl es die Form des Grundes annimmt, bleibt es immer Wasser – es bleibt seiner Natur treu! Der mit der perfekten Geisteskraft ausgestattete Geist ist zeitlos und leer und trotzdem immer präsent wie der aus der eigenen Asche entstehende Phönix.

In der Geschichte über den Mann, den Elefanten und den Affen ist der Weg zur mühelosen Konzentration, perfekten Geistesschärfe und starken Geisteskraft beschrieben. Da der dargestellte Weg als Lehrgeschichte gedacht ist, wurden die tibetischen Ausdrücke beibehalten, denn sie beinhalten unterschiedliche Bedeutungen, die sich nicht direkt übersetzen lassen.

Die Stufen der geistigen Entwicklung werden vom Standpunkt der Individuellen Meditation erläutert und damit losgelöst vom ursprünglichen religiösen Hintergrund präsentiert.

Für die Darstellung des Weges auf diese Art trägt Jün Xian die volle Verantwortung.

Wie zähmt man einen Elefanten und einen Affen?

Die alte tibetische Geschichte über das Zähmen des Elefanten und des Affen, die als Prolog für dieses Buch benutzt wird, handelt von den zwei Feinden der Konzentration: Auf Tibetisch heißen sie *göpa* und *jingwa*. *Göpa* bedeutet beschäftigte, wilde oder zerstreute Aufmerksamkeit. *Jingwa* bedeutet Schläfrigkeit, Trägheit oder Versenkung.

Bisher hat man auf unterschiedliche Art und Weise versucht, die Bedeutung des Ausdrucks »Feinde der Konzentration« zu erklären, was zu Missverständnissen und Unklarheiten im Gebrauch dieses Begriffes führte. Um diese Missverständnisse zu verhindern, werden die Feinde der Konzentration präzise definiert.

Beschäftigte Aufmerksamkeit bezieht sich vor allem auf die Tätigkeiten, die man spontan und impulsiv ausübt, die durch die Sinneseindrücke ausgelöst werden.

Im Alltag zeigt sich die beschäftigte Aufmerksamkeit durch die Unfähigkeit des Geistes, sich selbst in einer schwierigen Lage unter Kontrolle zu halten, sondern sich mit den Inhalten nur dann aktiv zu beschäftigen, wenn sie augenblicklich Hoffnung, Freude oder Glück hervorrufen. Diesen Geisteszustand zeichnet der Drang aus, der Gier als Quelle der *blinden* Geisteskraft nachzugeben. Geht jemand beispielsweise an einer Bäckerei vorbei, riecht er plötzlich den Duft der frisch gebackenen Brötchen und Brote. Obwohl er vorher nicht die Absicht hatte etwas zu essen, fängt er von diesem Augenblick an, vom Essen zu »träumen«, und gibt sich den durch den Duft ausgelösten Vorstellungen hin.

Die *wilde Aufmerksamkeit* zeigt sich, wenn der Geist unruhig von einem Inhalt zum anderen springt, als hätte er zu viel Kraft, die er entladen muss. Diese Art der Aufmerksamkeit entsteht aufgrund zu starker Gefühle. Vor allem Wut,

Angst und Verzweiflung rufen wilde Aufmerksamkeit hervor.

Zerstreute Aufmerksamkeit bezeichnet die Oberflächlichkeit des Geistes. Auch wenn er sich mit einem Inhalt beschäftigen möchte, kommen andere Inhalte »auf ihn zu«, gleich, ob er sie selbst produziert (wie z. B. Gedanken und Vorstellungen) oder mit seinen Sinnen wahrnimmt. Der Geist ist den Sinnen und damit der Außenwelt ausgeliefert, so wie den eigenen automatischen Prozessen (Gewohnheiten, Denkmuster).

Unter dem Begriff Jingwa versteht man in der tibetischen Tradition eine Störung der Aufmerksamkeit, die ebenso wie Göpa drei Formen hat: Schläfrigkeit, Trägheit und Versenkung.

Schläfrigkeit bedeutet einerseits einen Kraftmangel im Geist, andererseits auch seine Abhängigkeit von äußeren Umständen. Dieses Phänomen lässt sich besonders bei denjenigen beobachten, die jahrelang ein und dieselbe Meditation praktizieren. Statt wie beabsichtigt den Geist durch die Meditation zu stärken, stellt sich bei den Übenden ein Zustand der oberflächlichen Entspannung ein. Sie bekommen den Eindruck, sich hinlegen zu müssen, ihr Kopf sinkt nach vorne und die Zeit vergeht schneller, als sie es sich wünschen.

Trägheit bezieht sich vor allem auf die Ziellosigkeit des Geistes. Dieses Phänomen lässt sich besonders bei einem Retreat beobachten, zu dem jemand gegen seinen eigenen Willen kommt; meistens, weil es ihm ein guter Freund oder naher Verwandter empfohlen hat. Versucht der Übende sich mit dem Meditationsobjekt zu beschäftigen und fehlt ihm dabei der Wunsch, ein bestimmtes Ziel zu erreichen, wird der Geist träge.

Versenkung (Trance) zeichnet sich dadurch aus, dass der Geist sich selbst verliert und sich der eigenen Existenz über eine gewisse Zeit nicht mehr bewusst ist. In der Lehre der Individuellen Meditation unterscheidet man zwei Formen der

Trance: die *lauwarme* Trance und die *tiefe* Trance. Wer von der lauwarmen Trance beherrscht wird, erkennt meistens nicht, dass er geistig abwesend ist, während die tiefe Trance eindeutig als Kontrollverlust über den eigenen Geist erlebt und erkannt wird. Beide Tranceformen können aus unterschiedlichen Gründen entstehen; die wichtigste Ursache ist Langeweile. Sollte der Übende ein Mantra oder ein Gebet über eine längere Zeit mit Hingabe und ganz bewusst wiederholen, beginnt er dies aber nach einer Weile automatisch zu tun. Er beginnt sich zu langweilen – daraus entstehen die ersten Trance-Anzeichen, die den Übenden in eine noch tiefere Versenkung ziehen.

Um die Feinde der Konzentration zu besiegen, müssen wir sie zuerst kennen lernen und danach mit den uns zur Verfügung stehenden Mitteln überwinden. Wir lernen sie kennen, indem wir unsere Aufmerksamkeit auf sie richten, und befreien uns von ihnen, indem wir sie durch die edlen Eigenschaften des Geistes ersetzen: Geistesschärfe, Konzentration und Geisteskraft. Die Antwort auf die Frage, wie man diese Eigenschaften erwerben und zur Überwindung der Geistesschwäche benutzen kann, findet der Leser in den nächsten Kapiteln.

Vor dem Beginn

Bevor der Übende mit der Meditation anfängt, soll er sich auf das Meditieren vorbereiten, indem er sowohl seinen Geist als auch seinen Körper in einen für das Meditieren geeigneten Zustand versetzt. Um den Körper aufs Meditieren vorzubereiten, sollte er beispielsweise das Gesicht waschen, die Zähne putzen und den Körper durch Dehnungsübungen auf das Verweilen in einer bestimmten Körperhaltung vorbereiten. Um den Geist aufs Meditieren einzustellen, sollte der Übende die eigene Einstellung zum Meditieren überprüfen und nach Bedarf korrigieren. Die richtige Einstellung besteht darin, dass er sich fest entschließt, sich dem Meditieren während der für die Meditation vorgesehen Zeit mit Hingabe zu widmen und auf alle Versuchungen zu verzichten, die im Lauf des Meditierens auftauchen.

Kleine Schwierigkeiten
Sowohl vor dem Beginn des Meditierens als auch während der formellen Meditation konfrontiert sich der Übende mit den *kleinen Schwierigkeiten*. Sie begleiten ihn auf dem ganzen Weg der geistigen Entwicklung. Je weiter er fortschreitet, desto weniger gelingt es ihm, sie zu erkennen und sich von ihren hemmenden Wirkungen zu befreien. Es ist die Aufgabe eines Meditationslehrers, die kleinen Schwierigkeiten bei seinen Schülern rechtzeitig zu erkennen und die Schüler zu ermutigen, diese durch entsprechende Meditationstechniken zu überwinden.

Die *erste Schwierigkeit* ist bekannt unter dem Begriff »*Die Gier nach der Sinnesfreude*«. Sie verursacht die zerstreute Aufmerksamkeit. Statt sich aufs Meditieren ohne Zögern vorzubereiten, fragt sich der Übende beispielsweise, ob er zuerst einen Kaffee oder Tee trinken, jemanden anrufen oder irgendetwas anderes tun sollte. Allein das Vorbereiten aufs

Meditieren verbindet der Übende in seinem Bewusstsein mit einer mühsamen Tätigkeit, die er am liebsten vermeiden und durch andere, angenehme Inhalte ersetzen möchte. Der Zustand, in dem er sich befindet, lässt sich mit einem Lauf durch ein Sumpfgebiet vergleichen: Hält er ein bisschen an, ruht er sich dabei aus und bewegt sich nicht mehr, hat er den Eindruck, dass es ihm viel leichter fällt, im Sumpf zu verweilen, als sich zu bemühen, aus dem Sumpf auf das feste Land zu kommen. Deshalb wird sein Geist leicht durch die Reize verführt, die er als Quelle der Sinnesfreude empfindet.

Der Lehrer empfiehlt seinem Schüler meistens, diese Schwierigkeit so zu überwinden, dass er sich aller Herausforderungen bewusst wird und die Entscheidung trifft, ihnen nicht zu folgen. Dies bedeutet jedoch nicht, dass der Übende auf die Sinnesfreude grundsätzlich verzichten sollte, sondern dass er sich dem Genuss kontrolliert hingibt statt zügellos wie in Trance. Dadurch lernt er, dass er von diesen Reizen nicht abhängig ist und angefangen hat an der persönlichen Entwicklung zu arbeiten. Um sich von der Gier nach der Sinnesfreude zu befreien oder sie zu kontrollieren, empfiehlt es sich, dass der Übende so schnell wie möglich zu meditieren anfängt. Merkt er, dass irgendein anderer Inhalt ihn ablenkt, sollte er immer wieder die Entscheidung treffen, weiter zu meditieren. Es wäre sehr wünschenswert, dass er zunächst den ganzen Ablauf seiner formellen Meditation plant und sich der dadurch möglichen Abweichungen von der Meditationsaufgabe bewusst wird und danach seinen Plan umsetzt.

Die *zweite Schwierigkeit* heißt *geistige Trägheit*. Obwohl der Übende mit der Meditation angefangen hat, praktiziert er sie nur mit einem Teil seiner geistigen Kräfte. In seinem Bewusstsein taucht der Gedanke auf: »Es ist viel zu schwer, sich auf so eine Aufgabe wie meine Meditation zu konzentrieren«, was das Gefühl einer unbeschreiblichen geistigen Trägheit zur Folge hat. Diese Schwierigkeit lässt sich durch die Überprüfung und Veränderung der eigenen Einstellung zum Meditieren überwinden. Bei der Einstellung »Es fällt mir zu schwer, mich voll auf die Meditation zu konzentrieren« könnte er sich fragen, ob das Meditieren tatsächlich so schwer ist, wie er annimmt, oder ob es nur einer gewissen Überwindung bedarf, sich darauf einzulassen. Die Meditation besteht nicht nur im Streben nach einem Ziel, sondern auch im Weg zu diesem Ziel. Daraus lässt sich schlussfolgern, dass der Schüler allein auf dem Weg zum Ziel seine Fähigkeiten weiter entwickeln kann, auch dann, wenn er das sich vorgenommene Ziel nie erreicht. Allein diese Erkenntnis ermöglicht dem Schüler, seine Einstellung zum Meditieren zu verändern – die Meditation scheint ihm nicht mehr als zu schwer, sondern als eine Tätigkeit, die seine Fähigkeiten ständig verbessert.

Die *dritte Schwierigkeit* entsteht durch *störende Gefühle*, die den Übenden beunruhigen und vom richtigen Meditieren ablenken. Um sich von den störenden Gefühlen zu befreien, empfiehlt es sich, die Aufmerksamkeit auf sie zu richten und sie auf diese Art als Meditationsobjekt zu betrachten. Die Gefühle können im Lauf der Zeit intensiver werden, sich abschwächen, verschwinden oder durch andere Gefühle ersetzt werden. Erst nachdem das Gefühl, das der Übende zum Meditationsobjekt erklärt hat, ganz verschwindet, kehrt der Übende zur ursprünglichen Meditationsaufgabe zurück.

Die *vierte Schwierigkeit* bezeichnet man als *Rastlosigkeit*. Sie zeigt sich durch die Unruhe, die der Übende während der Sitzmeditation spürt: Er hat den Eindruck unbequem zu sitzen, regt sich darüber auf, und denkt, dass er seine Körperhaltung verändern muss. Der Übende ist davon überzeugt, dass seine Unruhe durch die unpassende Körperhaltung entstanden ist und dass nur die Veränderung dieser Haltung ihn von der Unruhe befreien kann. Gibt er dieser Idee nach, fängt er an, die Körperhaltung zu verändern und wird allmählich von der Idee besessen, sich von dieser Unbequemlichkeit zu befreien. Statt zu meditieren, dreht er sich geistig im Kreis und kann kaum erwarten, dass die zum Meditieren bestimmte Zeit vergeht. Ein wichtiger Bestandteil der Meditationsanweisung ist, den Übenden auf die Rolle des bewegungslosen Sitzens hinzuweisen. Er sollte sich deshalb vor dem Beginn des Meditierens so hinsetzen, dass er während der gesamten Zeit in dieser Sitzhaltung verweilen kann, unabhängig von der Dauer des Meditierens.

Die *fünfte Schwierigkeit* bezeichnet man als den *kleinen Zweifel*. Er trübt den Geist und verursacht überflüssiges und unproduktives Nachdenken über das Meditationsobjekt, über die Fähigkeiten des Übenden, sich der Meditation zu widmen, und über den Nutzen des Meditierens, weil der Übende sich fragt, ob es für ihn eventuell besser wäre, die zum Meditieren vorgesehene Zeit anderweitig zu nutzen, wie z. B. eine fremde Sprache zu erlernen oder sich einen Dokumentarfilm im Fernsehen anzuschauen. All dies lenkt den Übenden vom Meditieren ab. Die richtige Denkweise gegen den kleinen Zweifel lautet: »Ich beschäftige mich mit dem Zweifel nicht jetzt, sondern später!«

Die kleinen Schwierigkeiten tauchen auf dem ganzen Entwicklungsweg des Übenden auf, und er hat keine Möglichkeiten sie zu vermeiden. Wie so oft im wahren Leben hat der Übende die Wahl zwischen einem oder zwei Problemen:
1. dass er als *Problem* nur die *kleinen Schwierigkeiten* hat und trotzdem an der eigenen Entwicklung arbeitet, was bedeuten würde, sie als untrennbaren und unvermeidlichen Teil des Weges zu akzeptieren, oder
2. dass er zusätzlich zu dem Problem der *kleinen Schwierigkeiten* auch ein *emotionales Problem* hat, falls er sie als einen Bestandteil des Entwicklungsweges nicht akzeptiert, sondern denkt, dass sie nicht auftauchen *sollten* und dass er sie für alle Zeiten überwinden müsste.

Der Lehrer rät dem Schüler, die Gefühle als Meditationsobjekte zu akzeptieren und sie dann zu betrachten. Im Lauf der letzten Jahrzehnte wurden auch effizientere Methoden zur Überwindung hemmender Gefühle entwickelt. Es ist viel eleganter und effizienter, sich von den störenden Gefühlen zu befreien, indem der Übende die eigenen Überzeugungen entdeckt, die solche Gefühle verursachen. Die Aufmerksamkeit auf die störenden Gefühle zu richten löst zwar das Problem, aber der Übende verbraucht hierfür wesentlich mehr Zeit als dafür, die Überzeugungen zu entdecken, die solche Gefühle verursachen, und durch die aktive Veränderung dieser Überzeugungen sich von den störenden Gefühlen zu befreien.

Bei dem Versuch, die Aktivitäten aus dem Alltag als Meditationsobjekte zu benutzen, konfrontiert sich der Übende wieder mit allen aufgezählten Schwierigkeiten. Falls er sie nicht erkennt, verhindern sie, dass er sich dem Meditieren mit Hingabe widmet; falls er sie erkennt, aber nicht weiß, wie er mit ihnen fertig werden kann, gibt es wiederum keinen Entwicklungsfortschritt. Nur mithilfe eines Lehrers, der sich in den Wegen der geistigen Entwicklung gut auskennt, kann er sich befähigen, die kleinen Schwierigkeiten rechtzeitig und ganz zu überwinden, immer dann, wenn sie ihm über den Weg laufen.

Der Beginn

In der tibetischen Tradition, in der die Geschichte über das Zähmen des Elefanten und des Affen dargestellt wurde, kämpfen *denpa* (geistige Sammlung) und *shezhin* (klare Einsicht in die Bewusstseinszustände) gegen die Feinde der Konzentration, die man als *göpa* und *jingwa* bezeichnet. Im Rahmen der Individuellen Meditation entspricht die *Geistige Sammlung* der Konzentration, während man die Einsicht in die Bewusstseinszustände als *Geistesschärfe* bezeichnet.

Der Übende verfügt am Anfang des Weges über eine sehr begrenzte Konzentrationsfähigkeit, Geistesschärfe und Geisteskraft. Das Verhältnis zwischen diesen drei »Pfeilern des Geistes« ist nicht ausgeglichen. Zu manchen Zeiten kann er sich besser konzentrieren, ein anderes Mal ist seine Geistesschärfe besser, und manchmal verfügt er über eine stärkere Geisteskraft. Sind die Pfeiler des Geistes nicht aneinander angepasst und gleichmäßig entwickelt, wird der Geist instabil, lässt sich leicht ablenken und von außen leiten.

In der Geschichte über das Zähmen des Elefanten und des Affen steht der Elefant für den Geist und den Willen des Übenden. Verfügt der Übende über einen starken Willen, kann er seinen Geist in allen Situationen steuern. Dadurch lernt er, wie er seinen Willen stärken kann. Meistens wird das Zähmen des Elefanten als Metapher dafür benutzt.

Jemand kann nur dann einen Elefanten zähmen, wenn er weiß, wie er ihn trainieren kann, seinen Befehlen zu folgen. Ist der Elefant tatsächlich gezähmt, erfüllt er jeden Befehl seines Herrn. Das Gleiche passiert auch dem Geist des Übenden: Am Anfang des Weges ist der Geist wild und der Übende kann ihn nur dann beherrschen, wenn er weiß, wie er dies tun soll. Einmal gezähmt, bleibt der Geist für alle Zeiten in der Macht des Übenden.

Am Anfang des Weges der persönlichen Entwicklung ist der Wille schwach und der Geist folgt nicht den Erwartungen und Wünschen des Übenden.

Immer wenn er weder seinen Geist kontrollieren noch seine mentalen Prozesse und sein Verhalten steuern kann, besteht eine sehr hohe Wahrscheinlichkeit, dass er leiden wird. Er ist nicht in der Lage, seine Ziele durch Geisteseinsatz zu erreichen; stattdessen sabotiert er sich selbst.

Ist der Geist des Übenden unruhig, beunruhigt sich der Übende dadurch selbst; ist der Geist träge und schläfrig, fühlt sich der Übende auch so. Wie wilde Elefanten viel Schaden verursachen können, so kann auch der ungezähmte Geist den Übenden schädigen.

Geht der wilde Elefant an einem jungen Baum vorbei, frisst er, unabhängig vom Willen seines Herrn, die Blätter und Knospen oder reißt den Baum aus der Erde. Der gezähmte Elefant, obwohl er der gleichen Versuchung ausgesetzt ist, geht daran vorbei, weil er weiß, dass er zu Hause dafür belohnt wird.

Geht der Übende, der über einen ungezähmten Geist verfügt, eine Straße entlang, in der sich viele Buchhandlungen mit interessanten Büchern befinden, kann er der Versuchung nicht widerstehen und besucht mindestens eine.

Wer hingegen über einen gezähmten Geist verfügt, widersteht der Versuchung und ist zufrieden, weil er weiß, dass er in jedem Augenblick erkennen kann, was weises Handeln ist.

In der Geschichte über das Zähmen des Elefanten und des Affen wird davon erzählt, dass wilde Elefanten überall tiefe Fußabdrücke hinterlassen und dabei aus Unwissen großen Schaden anrichten. Alte, auch ungezähmte, Elefanten erwerben die Lebensweisheit im Lauf ihres Lebens, die sie daran hindert, junge Bäume zu fressen und zu vernichten. Wenn eine Elefantenherde übers Land zieht, kümmert sie sich darum, dass die ganze Herde den Weg auf dem Elefantenpfad zurücklegt, sodass sie keinen Schaden anrichtet.

Wie die wilden Elefanten den nicht gezähmten Geist des Übenden symbolisieren, so stehen auch deren Fußabdrücke für das geistige Gift. Dieses zeigt sich vor allem als nichtproduktives Denken. In der deutschen und englischen Sprache bezeichnet man solche »geistige Produktion« als Wiederkäuen bzw. »to ruminate«. Natürlich ist diese Beschäftigung für Kühe sehr sinnvoll, weil sie auf diese Art ihre Nahrung verwerten. Wenn aber der Mensch seine bereits mehrfach gedachten Gedanken ziellos durch den Kopf laufen lässt – sie wiederkäut, ohne dadurch einen praktischen Nutzen zu erzielen –, so verschwendet er seine kostbare Lebenszeit. Außerdem wird sein Geist träge und zerstreut. »Wiederkäuen« zeigt sich auf zweierlei Art: »drehen im Kreis« (lat. circulus vitiosus) und »Verdunkelung« der Inhalte (lat. absurdus ad absurdum).

Um den Geist zu zähmen, genügt es nicht, ihn wie einen wilden Elefanten zu trainieren. Beim Zähmen des Elefanten sollte eine deutliche Rollentrennung zwischen dem Dompteur und seinen Elefanten erzielt werden. Beim Zähmen des Geistes hingegen ist es das Ziel, sich nicht vom eigenen Geist zu trennen, sondern sich mit ihm zu vereinigen.

Der Mann, der Elefant und der Affe

Abb. 1

In Abb. 1 weist die schwarze Farbe des Elefanten darauf hin, dass der Übende sich in Trance befindet. Die Sinne sind die »Fenster« des Geistes zur Außenwelt und der Affe steht für diese Sinne in der Abbildung. Der Affe leitet den Elefanten und beherrscht ihn. Von Natur aus ist der Affe ein unruhiges und neugieriges Tier und reagiert ständig auf äußere Reize.

Hinter dem Elefanten geht der Mann, der den Übenden darstellt, also derjenige, der die Meditation als Weg der geistigen Entwicklung gewählt hat. Der Geist des Mannes (der Elefant) ist vollständig von seinen Sinnen (dem Affen) und deren Reaktion auf äußere Reize beherrscht. Der Mann verfügt über die Mittel zum Zähmen des Elefanten: Das Seil in der linken Hand symbolisiert die Konzentration und der Haken in der rechten steht für die Geistesschärfe.

Der Weg zur Zähmung des Elefanten und des Affen ist die Meditation. Sie ist eine kleine Übung, die eine der Säulen des Geistes (Konzentration, Geistesschärfe oder Geisteskraft) fördern soll.

Bevor der Übende zu meditieren beginnt, sollte er sich seiner falsch gelenkten Aufmerksamkeit und seiner Unachtsamkeit bewusst werden. Er kann nur dann richtig meditieren, wenn er das erste Bild mit dem Mann, dem Elefanten und dem Affen versteht und sich als die Person hinter dem Elefanten erkennt. Fehlt ihm diese Erkenntnis, fehlt ihm auch die Entschlossenheit seinen Geist zu schulen.

In allen weiteren Abbildungen lodert das Feuer als Symbol der Geisteskraft. Nur in Abb. 1 gibt es kein Feuer, da dem Menschen die geistige Kraft fehlt! Am Anfang des Weges befindet er sich in einer äußerst schwierigen Lage: Sein Geist ist schwach und er verfügt über eine bedauernswerte Konzentration. Nur wenigen gelingt es, sich dieser Tatsache ohne Hilfe von außen bewusst zu werden. Dafür benötigen sie einen Meditationsmeister, der die unterschwelligen Anzeichen der lauwarmen Trance erkennt und die Schüler auf diese aufmerksam macht. Dadurch kann er den Übenden motivieren, an der Verbesserung der eigenen Konzentration zu arbeiten.

Typische Meditationen dieser Stufe bezeichnet man als *diagnostische Meditationen*. Sie werden nur dann eingesetzt, wenn der Meister noch nicht weiß, ob der Schüler sich der eigenen Geistesschwächen bewusst ist. Damit die erste kleine Übung den richtigen Effekt hat, findet der Meister zuerst heraus, welcher der drei Pfeiler des Geistes gefördert werden soll. Er kann seinen Schüler danach fragen oder ihn eine »Probemeditation« machen lassen, die gleichzeitig alle drei Pfeiler, Konzentration, Geistesschärfe und Geisteskraft, beansprucht. Der Schüler bekommt immer eine Übung, die er in der zum Meditieren vorgesehenen Zeit nur unvollständig praktizieren kann. Nach der Übung fragt der Meister den Schüler, welche Schwierigkeiten er mit dieser Meditation hatte. Auf die Weise findet der Meister heraus, welche Meditation, sowohl zu diesem Zeitpunkt als auch für die nächste Zeit, eingesetzt werden sollte, und gibt dem Schüler die entsprechenden Anweisungen für die nächsten drei Monate.

Übung: Universelle Meditation »So-Ham«
Eine der gebräuchlichsten Meditationen in der Lehre der Individuellen Meditation stammt aus dem Hinduismus und lässt sich als diagnostische Meditation anwenden und damit unabhängig von ihrer religiösen Bedeutung nutzen. Man bezeichnet sie als die *universelle Meditation So-Ham*, weil man sie auf unterschiedliche Art und Weise praktizieren und unterschiedlichen Entwicklungsbedürfnissen anpassen kann.

Obwohl der Ausdruck »So-Ham« eine besondere Bedeutung hat (So steht für »Ich« und Ham für »bin« = Ich bin), geht die Bedeutung dieses Ausdrucks während jeder einzelnen Meditation nach wenigen Minuten verloren. Der Übende beschäftigt sich nur noch mit dem Klang der Worte und achtet dabei auf den eigenen Atem. Die übliche Anweisung für die So-Ham-Meditation als eine diagnostische Meditation lautet:

»Setzen Sie sich bequem auf den Stuhl und legen Sie Ihre Hände auf die Oberschenkel. Schließen Sie Ihre Augen und richten Sie Ihre Aufmerksamkeit auf den Atem. Beim Einatmen sprechen Sie im Geist das Wort ›Sooo‹. Dabei begleiten Sie das Einatmen mit dem Klang ›ooo‹. Beim Ausatmen sprechen Sie im Geist das Wort ›Hammm‹ und begleiten das Ausatmen mit dem verlängerten Klang ›mmm‹, bis der Atemzug beendet ist. Dabei ist es wichtig, den Atem nicht zu kontrollieren, sondern spontan zu atmen, ›so wie es kommt‹. Die Wörter ›Sooo‹ und ›Hammm‹ sollten als ›lautes‹ Ein- und Ausatmen empfunden werden. Die Aufmerksamkeit ist gleichzeitig auf den Atem und auf den begleitenden Klang gerichtet.«

Diese kleine Übung wird zuerst als Probemeditation geübt. Danach sollte der Übende seine Erfahrungen während des Meditierens beschreiben.

Schweift er im Lauf der Übung oft ab, ist seine *Konzentration* sehr schwach. Kann er seine Aufmerksamkeit nicht gleichzeitig auf den Atem und auf den Klang richten, sollte seine *Geistesschärfe* verbessert werden. Gerät er nach einer

Weile in einen Trance-Zustand, in dem er anfängt automatisch zu üben, fehlt ihm die *Geisteskraft*.

Wenn alle drei Geistessäulen schwach sind, arbeitet man zuerst an der Konzentration, weil sie die Basis zur Förderung der Geistesschärfe und der Geisteskraft ist.

Training der Konzentration

Abb. 2

In Abb. 2 versucht der Mann den Elefanten einzufangen. In der Zwischenzeit ist er sich des eigenen Zustandes bewusst geworden und damit auch der Tatsache, dass er den eigenen Geist noch nicht beherrscht. Durch die Meditation verbessert er seine Konzentration. Auf diese Art nimmt er wahr, wie sein Geist sich verhält, während dieser mit den Sinneseindrücken in Berührung kommt.

Erst wenn er die Aufmerksamkeit ganz auf den Geist richten kann, gelingt es ihm, den Geist über eine längere Zeit zu beobachten. Dadurch lernt er, wie sein fast eingeschlafener Geist – der Elefant – von den Sinnen geleitet wird. Sein Geistestraining – die Meditation – erscheint ihm eher sinnlos, und er übt nur sporadisch, aber jedes Mal, nachdem er meditiert hat, erkennt er, dass diese kleine Übung ihm ermöglicht, sich besser auf den Geist zu konzentrieren – er bemerkt, dass er dem Elefanten näher kommt.

Dieses Training lässt sich mit dem Erlernen einer fremden Sprache vergleichen, die man im wahren Leben nie sprechen und aktiv benutzen kann, weil es keine Gelegenheit dafür gibt. Latein ist eine solche Sprache: Man lernt sie als eine formelle Disziplin, damit man unterschiedliche Domänen (Medizin, Biologie und alle Sprachen, in denen ähnliche Elemente und eine vergleichbare logische Struktur wie im Latein vorhanden sind) leichter und schneller erlernen kann.

Die Fähigkeit sich zu konzentrieren ist die Basis für die weitere geistige Entwicklung. Trotzdem weigern sich viele Menschen, an der Verbesserung der Konzentration zu arbeiten, weil sie nur die Wahl zwischen zwei unangenehmen Alternativen haben: im Sumpf der geistigen Schläfrigkeit, Trägheit und dem Versunkensein zu bleiben, oder die Mühe in Kauf zu nehmen, diese Hindernisse zu überwinden.

Es scheint auf den ersten Blick leichter, den bekannten Zustand zu erdulden und sich den Sinnesfreuden hinzugeben, als die schweren Schritte zu gehen, mit deren Hilfe wir die geistige Taubheit überwinden können. Der richtige Lehrer hilft auf diesem Weg, und die von ihm erteilten Meditationen sollten so wirken, dass der Schüler beim Meditieren allmählich nicht nur Pflicht und Druck, sondern auch Freude empfindet und Erfolge erntet – allerdings nicht während des formellen Meditierens, sondern vor allem gleich danach und auch später im Alltag.

Übung: Zählmeditation

Passende Meditationen auf dieser Stufe sind so genannte Zählmeditationen. Die Anweisung für eine Zählmeditation lautet:

»Setzen Sie sich auf einen Stuhl, einen Meditationshocker oder ein Meditationskissen, versuchen Sie während der gesamten Übung aufrecht zu sitzen, so als wollten Sie mit Ihrem Kopf den Himmel berühren. Legen Sie die Hände so auf ihre Oberschenkel, wie es Ihnen angenehm ist. Es empfiehlt sich, die Hände zusammenzuhalten, weil man dadurch die Wirkung der Meditation deutlicher spüren kann. Richten Sie die Aufmerksamkeit auf den Atem und nehmen Sie Ihre Atemzüge wahr. Fangen Sie an, die Atemzüge von 100 bis 1 zurückzuzählen. Atmen Sie ganz natürlich ein und aus und zählen Sie im Geist:

»einhundert«. Nach dem nächsten Atemzug (Ein- und Ausatmen): »neunundneunzig«. Setzen Sie das Zählen der Atemzüge auf diese Weise fort und bemühen Sie sich, sich nicht zu verzählen und nicht abzuschweifen. Sollten Sie sich verzählt haben, fangen Sie wieder an, die Atemzüge von 100 abwärts zu zählen. Auch wenn Sie sich nicht ganz sicher sind, ob Sie sich verzählt haben, beginnen Sie wieder bei 100.
Setzen Sie sich bei dieser Übung nicht unter Druck. Üben Sie spielerisch und betrachten Sie jede Abschweifung und Unsicherheit beim Zählen als natürliche Erholungspause des Gehirns.«

Es gibt zwei Ursachen der lauwarmen Trance:
1. die Erschöpfung jener Teile der Großhirnrinde, die über eine längere Zeit aktiv waren,
2. die Gewohnheit sich zu entspannen, weil man die Entspannung als etwas Angenehmes empfindet.

Das Ziel dieser Meditation besteht darin, die Atemzüge von 100 bis 1 ohne Abschweifungen, ohne Unsicherheit und ohne Mühe zu zählen. Die Übung dauert zwischen 20 und 30 Minuten. Nach einigen Wochen stellt der Übende fest, dass er seine Konzentration wesentlich verbessert hat und er im Alltag mit verschiedenen Aufgaben besser zurechtkommt.

Die Rolle des Meisters wird von diesem Augenblick an für den Schüler immer deutlicher. Übt er z. B. öfter als einmal täglich, merkt er, dass seine Konzentration sich verschlechtert. Versucht er länger als 30 Minuten zu meditieren, baut er das bereits verbesserte Konzentrationsniveau wieder ab. Übt er kürzer, als sein Lehrer ihm empfohlen hat, hat er kaum die Möglichkeit die optimalen Effekte zu erzielen. Der Lehrer ist derjenige, der zusammen mit dem Schüler die optimale Dauer des täglichen Meditierens herausfindet.

Während einer Meditation bleibt im Gehirn der Geisteszustand gespeichert, in dem der Übende sich am Ende der Meditation befindet. Diese Tatsache erklärt auch, weshalb weder kürzeres noch längeres Meditieren den optimalen Geisteszustand bewirkt. Deshalb sollte die Übungsdauer so gewählt werden, dass die Übung dann endet, wenn die Konzentration des Übenden auf dem höchstmöglichen Niveau ist. Erst nachdem er sich erholt hat und wieder in der Lage ist, besser als vorher zu meditieren, ist es sinnvoll, weiterzuüben. Durch dieses Vorgehen kann der Übende seine Konzentration ständig verbessern, allerdings nur unter der Voraussetzung, dass die Meditation ihm entspricht, allerdings mögen muss er sie dazu nicht.

Nur ein Meister, der sich in allen Varianten des Meditierens und deren Auswirkungen auskennt, kann für den Schüler die optimale Übung herausfinden. Natürlich bleibt es dem Schüler überlassen, den Weg für sich selbst zu wählen, zu experimentieren und aus den Fehlern zu lernen. Trotzdem empfiehlt es sich, einen Lehrer zu finden, der über genau das Wissen verfügt, das der Schüler benötigt. Dadurch kann sich der Schüler viel Zeit und Mühe ersparen sowie Irrwege und Sackgassen vermeiden.

Konzentration und »lauwarme Trance«

Abb. 3

In der Geschichte über die Zähmung des Elefanten und des Affen steht der Hase für eine besondere Art der Versenkung, die erst dann eintritt, nachdem der Übende den eigenen Geist einigermaßen gezähmt hat.

Diese Art der Versenkung bezeichnet man als *lauwarme Trance*; in der Lehre der Individuellen Meditation betrachtet man sie als ein Hindernis auf dem Weg der geistigen Entwicklung. Trotzdem hat diese Trance auch etwas Positives: Als Übergangsstufe zwischen der tiefen Trance und der geistigen Klarheit ermöglicht sie dem Übenden, seinen Fortschritt zu erkennen. Darüber hinaus entspricht die lauwarme Trance der tiefen Entspannung. Solange der Übende sich entspannt, wird ein Teil des autonomen Nervensystems aktiviert, nämlich der *Parasympathikus*: Er bewirkt eine körperliche und geistige Erholung. Erst nach der Erholung erkennt der Übende die lauwarme Trance und unterbricht sie dadurch, dass er anfängt sich wieder mit der meditativen Aufgabe zu beschäftigen.

In frühen Zeiten des Buddhismus sowie der Lehre der Individuellen Meditation hat man die lauwarme Trance als etwas Natürliches und Wünschenswertes betrachtet. Im Lauf der Jahrhunderte hat die Erfahrung vieler Generationen jedoch gezeigt, dass die lauwarme Trance die persönliche Entwicklung verlangsamt und behindert. Deshalb sollte man sie als einen Feind der eigenen Entwicklung betrachten, der überwunden werden sollte.

Am Anfang des Weges benutzt der Übende die Konzentration häufiger als die Geistesschärfe. Der Grund hierfür ist, dass er die Geistesschärfe erst dann einsetzen kann, wenn er seine Konzentrationsfähigkeit so verbessert hat, dass er seine Aufmerksamkeit über eine längere Zeitspanne (mindestens 15 Minuten) auf einem Objekt halten kann. Im Alltag zeigt sich diese Stufe durch die Überzeugung des Übenden, von den Sinneseindrücken nicht mehr geleitet zu werden, sondern den eigenen Geist selbst zu kontrollieren.

Ein gutes Beispiel hierfür ist ein Raucher, der sich entscheidet mit dem Rauchen aufzuhören – was ihm auch für eine gewisse Zeit gelingen kann. Die Gefahr steckt jedoch in der lauwarmen Trance: In der Überzeugung, sich vom Rauchen befreit zu haben, zündet er sich irgendwann eine Zigarette an und denkt dabei: »Eine Zigarette ist für mich kein Problem«. Aus der Zigarette wird eine ganze Schachtel – weitere Rückfälle scheinen unvermeidlich.

Die Rolle des Meisters besteht darin, den »Hasen« beim Übenden rechtzeitig zu erkennen und bei der nächsten Meditationsüberprüfung die passende Meditationstechnik für den Schüler herauszufinden. So kann er die lauwarme Trance erkennen und überwinden. Darüber hinaus empfiehlt der Meister seinem Schüler, die erzielte Konzentration auf den Alltag zu übertragen, sie zu stabilisieren und durch die Verknüpfung mit den täglichen Aktivitäten zu verstärken.

Einem Mönch im Kloster fällt es wesentlich leichter, seinen Geist zu zähmen, als einem Laien, der neben der Meditation noch viele andere gesellschaftliche und familiäre Verpflichtungen hat und sich häufig in hektischen Lebensumständen befindet. Der Mönch hingegen widmet sein ganzes Leben der Suche nach sich selbst, oder der Suche nach Gott. Er tut dies meist mit großer Hingabe und aus tiefem Glauben. Dem Laien stehen solche Voraussetzungen nicht zur Verfügung. Sein Tag besteht nicht nur aus Aufgaben, die seinen Glauben an die Meditation stärken, sondern auch aus Tätigkeiten, die seine Entschlossenheit schwächen und seine Zweifel nähren.

Auch wenn der Übende schon mit der meditativen Praxis begonnen hat, wird sein Glaube häufig durch verschiedene Formen des Zweifels erschüttert: durch den Zweifel an sich selbst – »bin ich überhaupt für die Meditation geeignet?« –, durch den Zweifel an seinem Meister – »ist er der Richtige für mich?« – und durch den Zweifel an der erhaltenen Meditation – »ist sie für mich wirklich die Beste?«

Die Antwort auf die Frage, ob er für die Meditation geeignet ist, kann sich der Schüler nur dadurch selbst beantworten, dass er dem Weg folgt und überprüft, ob ihn das Wissen und die Anweisungen des Meisters weiterbringen.

Ob der Meister für den Schüler der Richtige ist, kann der Schüler überprüfen, indem er folgende Frage beantwortet: »Vertritt der Meister eine bestimmte Lehre oder vertritt er nur seine eigenen Ideen?« Ist der Meister der Vertreter einer Lehre, kann man ihm vertrauen, weil die Lehre »die Prüfung der Zeit« bestanden hat und er den Schüler nicht im eigenen Namen, sondern im Namen der Lehre in der Meditation unterweist. Entspricht die Lehre dem Schüler, kann er sich der Meditation mit vollem Vertrauen hingeben. Steht der Meister für etwas, was er selbst entwickelt hat, dann muss man sowohl den Meister als auch die von ihm entwickelte Lehre einer Prüfung unterziehen.

Die dem Schüler von seinem Meister erteilte Meditation lässt sich auf zweierlei Art überprüfen:

1. *Logisch*: Kommt die Übung aus der geprüften Tradition, hat sie die Prüfung und den Zweifel vieler Generationen bestanden. Deshalb ist sie wahrscheinlich auch für diesen Schüler geeignet.

2. *Praktisch*: Trotz der logischen Prüfung empfiehlt der Meister seinem Schüler, die kleine Übung praktisch zu testen. Dazu gehört das Meditieren mit großer Hingabe. Ist die kleine Übung richtig, kommt der Übende mit ihr während der Meditation gut zurecht. Hat er Schwierigkeiten beim Meditieren (Abschweifungen, emotionale Störungen oder Rastlosigkeit), meldet sich der Zweifel an der kleinen Übung. In diesem Fall sollte der Schüler seinen Meister fragen, ob er die erteilte Anweisung richtig verstanden und umgesetzt hat und ob ihm die Meditation überhaupt entspricht.

Die Art und Dauer des Meditierens

Abb. 4

Abb. 4 stellt die vierte Stufe der geistigen Entwicklung dar. Der Elefant ist folgsamer als zuvor und der Mensch kann das Seil (die Konzentration) etwas lockerer halten. Um den eigenen Geist zu zähmen, sollte der Übende seine Meditation auf eine für ihn optimale Weise praktizieren. Die Konzentration auf den eigenen Atem wird von den meisten Meditationsmeistern als passende Meditation empfohlen. Obwohl der Atem ein sehr praktisches Meditationsobjekt ist, weil man ihn überall beobachten kann, ist es nicht immer empfehlenswert, diese Meditationsart anzuwenden.

Um die passende Meditation für den Schüler herauszufinden, stellt sich der Meditationsmeister folgende Fragen:
1. Welches Meditationsobjekt sollte der Schüler benutzen?
2. Wie sollte sich der Schüler mit dem Meditationsobjekt beschäftigen?
3. Wie lange sollte er täglich diese Meditation machen?

Grundlagen für die Bestimmung der passenden Meditation
Im Rahmen der Individuellen Meditation wird vom Lehrer erwartet, sich in allen wichtigen Traditionen auszukennen, in

denen die Meditation als Mittel zur persönlichen Entwicklung benutzt wird. Nur dann kann er seinem Schüler das Wissen und die Erfahrung vieler Generationen zur Verfügung stellen.

Wenn der Lehrer die passende Meditation für seinen Schüler bestimmen möchte, zieht er auch die Traditionelle Chinesische Medizin (TCM) in Betracht.

Die Welt-Gesundheitsorganisation (WHO) hat die TCM in die Liste der empfohlenen Methoden zur Behandlung funktioneller Störungen aufgenommen. Die TCM basiert auf dem Konzept, das unter dem Begriff »die fünf Wandlungsphasen« (fünf Elemente) bekannt ist, sowie auf der »Yin-Yang-Theorie«. Beide Konzepte werden seit Jahrhunderten auch in der Lehre der Individuellen Meditation angewandt.

Im alten China beobachteten die Menschen unterschiedliche Naturgeschehnisse und versuchten sie zu verstehen. Als Erstes stellten sie fest, dass sich die meisten dieser Phänomene jährlich nach einem bestimmten Muster wiederholen, und bezeichneten sie als »fünf Wandlungsphasen«: Holz – Feuer – Erde – Metall (Luft) – Wasser. Danach schrieben sie jeder der Wandlungsphasen gewisse Eigenschaften zu, um die Gesetzmäßigkeiten und deren Beziehungen zueinander zu definieren.

Laut dem »Fünf-Wandlungsphasen-Modell« ist das Element Holz verantwortlich für Wachstum, das Element Feuer für Entwicklung und das Element Erde für die Verbindung aller voneinander abhängenden Phänomene sowie für die Harmonisierung derer Verhältnisse zueinander. Das Element Metall hat die Speicherfunktion und bereitet die Natur auf winterliche Lebensumstände vor, während das Element Wasser für den rechtzeitigen Einsatz gespeicherter Vorräte sorgt.

Entsprechend diesem Modell sind auch die Jahreszeiten den Elementen zugeordnet: Der Frühling entspricht dem Holz, der Sommer dem Feuer, der Herbst dem Metall und der Winter dem Wasser, wie in der Abbildung dargestellt.

Das Element Erde trägt die Verantwortung für die so genannten Übergangsjahreszeiten (Spätsommer, Spätherbst, Spätwinter, Spätfrühling) und verbindet sie miteinander. Das Element Erde befindet sich somit im Zentrum zwischen den anderen Elementen.

Um die Naturphänomene noch besser zu erklären, fügten die alten Chinesen noch drei Begriffe hinzu. Den Begriff *Qi*, der sich auf alle Energiearten in der Natur bezieht, und die Begriffe *Yin* und *Yang*, mit denen man die Gegenpole einer jeden Ganzheit bezeichnet.

Alle Naturphänomene unterliegen bestimmten Gesetzmäßigkeiten, und diejenigen, die sich in regelmäßigen Intervallen wiederholen, weisen auf die versteckten Ursachen hin, die ihnen zu Grunde liegen.

Qi wird gleichzeitig als Energie und als Prinzip verstanden und steht für den Kreislauf des Lebens in der Natur. Diesen Kreislauf hat man symbolisch als Energiefluss von Element zu Element dargestellt, vom Holz über Feuer, Erde, Metall bis zum Wasser, aus dem dann wieder das Element Holz entsteht.

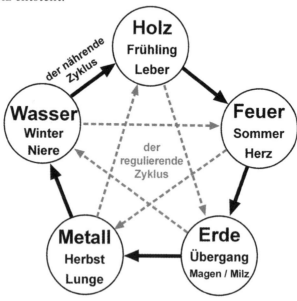

Das Fünf-Wandlungsphasen-Modell
Das *Holz* wächst und ernährt das *Feuer*, dadurch entsteht Asche, die zur *Erde* zurückkehrt und sie auf diese Art nährt. Aus der *Erde* gewinnt man das *Metall*. Das *Metall* löst sich im *Wasser* auf, veredelt es und dient als Quelle lebenswichtiger Bestandteile (Elektrolyte). Der nächste Zyklus fängt an, indem das *Wasser* dem *Holz* das Wachstum ermöglicht, und alles wiederholt sich ständig.

Obwohl sehr vereinfacht, hat sich dieses Modell als nützlich erwiesen, indem es nicht nur die Naturphänomene verdeutlicht, sondern auch bei der Heilung von kranken Menschen und Tieren hilft. Die Theorie der fünf Wandlungsphasen geht davon aus, dass Krankheit durch die Abweichung der Lebensprozesse vom natürlichen Kreislauf des Lebens entsteht. Deshalb findet die Genesung erst dann statt, wenn diese Abweichung behoben wird und der Organismus sich der Natur wieder angleicht.

Als eines der Anpassungsmittel an den natürlichen Kreislauf des Lebens verwendet der Mensch auch die Meditation.

Passende und unpassende Meditationen
Ein und dieselbe Meditationstechnik kann nicht zu allen Jahreszeiten zu jedem Menschen passen. Ein gutes Beispiel dafür sind die Atemmeditationstechniken.

Im Herbst ernten die Menschen unterschiedliche Früchte, um sich auf den Winter vorzubereiten. Der Herbst wird deshalb auch als Speicher-Jahreszeit bezeichnet. Ihm ist das Element Metall (und damit auch die Luft) zugeordnet. Aus diesem Grund sind Meditationen, bei welchen der Übende seine Aufmerksamkeit auf den eigenen Atem richtet, im Herbst besser geeignet als in anderen Jahreszeiten.

In der hinduistischen Tradition wird die Luft als Prana (Lebenskraft) bezeichnet. In der Traditionellen Chinesischen Medizin verwendet man dafür, wie bereits erwähnt, den Begriff *Qi* – allerdings werden über 40 verschiedene Qi-

Arten unterschieden und nur das Atem-Qi entspricht dem Begriff Prana.

Beispiele für Atemmeditationen sind: die Atemzüge von 100 bis 1 rückwärts zu zählen, ein Wort beim Ein- und Ausatmen im Geist zu sprechen, wie bei der bereits erwähnten universellen Meditation So-Ham, oder auch das Heben und Senken des Brustkorbs beim Ein- und Ausatmen wahrzunehmen. Im Lauf der letzten 1.000 Jahre hat sich gezeigt, dass Atemmeditationen sich auf den Übenden auch negativ auswirken können, unabhängig davon, um welche Meditationstechnik es sich handelt und wie sie praktiziert wird.

Insbesondere im Frühling können Atemmeditationen negative Folgen haben; die Anfälligkeit der Atemwege für Allergien und unterschiedliche Viren und Bakterien kann wesentlich erhöht werden. Außerdem neigt der Übende dazu, im Alltag stärker als gewöhnlich auf den Atem zu achten und ihn zu kontrollieren, was zur Folge haben kann, dass funktionelle Störungen im autonomen Nervensystem entstehen.

Es lässt sich schlussfolgern, dass eine Atemmeditation, wie gut sie auch sein mag, nur dann praktiziert werden darf, wenn sie sowohl dem Übenden als auch der Jahreszeit entspricht.

Die Aufgabe eines Meditationsmeisters besteht unter anderem darin, dem Schüler keine Meditation zu erteilen, die irgendeinen Schaden anrichten könnte. Allerdings kann eine Atemmeditation kaum schädlich wirken, wenn der Schüler körperlich und geistig gesund ist, egal zu welcher Jahreszeit er sie praktiziert. Da es aber für den Meditationsmeister sehr schwierig ist zu wissen, ob der Schüler tatsächlich gesund ist, empfiehlt es sich grundsätzlich, die Jahreszeiten nach dem TCM-Modell zu berücksichtigen.

Auch andere Meditationstechniken können Nebenwirkungen erzeugen, wenn sie weder die Jahreszeit noch die Lebensumstände noch die Gesundheit des Übenden berücksichtigen. Ein gutes Beispiel dafür ist eine besondere Meditationsgruppe, die man als Achtsamkeitsmeditationen bezeichnet. Sie wurden bereits im alten China praktiziert, und dabei hat man bei manchen Mönchen beobachtet, dass sie ihre Meditation auch dann fortsetzten, wenn sie von ihrem Meister aufgefordert worden waren, sie sofort abzubrechen. Dieses Phänomen bezeichnet man als *Zen-Psychose*. Befindet sich der Meditierende in diesem Zustand und wird er nicht sofort gezwungen, die Meditation zu stoppen und sich anderen Aktivitäten zu widmen, entwickelt sich bei ihm in der Regel ein Stupor (eine körperliche und geistige Starre, die sich dadurch zeigt, dass die Person in der gleichen Körperhaltung bleibt und sie nicht freiwillig aufgeben kann). Er ist von der Idee besessen, durch dauerhaftes Meditieren die endgültige Erleuchtung zu erlangen. Dies gelingt ihm jedoch nicht – stattdessen landet er im Krankenhaus und wird mit Psychopharmaka behandelt.

Die Dauer des Meditierens

Für jeden Menschen gibt es eine optimale Meditationsdauer: Manche Menschen erzielen den besten Effekt nach 30 Minuten, während andere nicht mehr als 5-10 Minuten benötigen. Meditiert der Übende zu kurz, bleibt der Fortschritt aus – seine Konzentration bleibt auf dem bisherigen Niveau. Nach einer Weile gibt er deshalb meist die Meditation auf. Meditiert er hingegen zu lange, verbraucht er zu viel Energie, und die zunächst verbesserte Konzentration fällt wieder auf das Niveau zurück, auf dem sie vor der meditativen Übung war. Der Übende bekommt »mentalen Muskelkater« – dieser Zustand kann sich im Lauf der Zeit sogar so verschlechtern, dass er in der Zen-Psychose gipfelt. Die Folge ist eine große Enttäuschung; meist verlässt der Meditierende den Weg.

Nur wenn der Übende eine passende Meditation erhält, deren Dauer richtig bestimmt ist, erzielt er relativ schnell eine deutliche Verbesserung der Konzentration und bleibt motiviert, seinen »Elefanten« zu zähmen.

Die vierte Stufe ist für die meisten Übenden ein Wendepunkt hinsichtlich ihrer persönlichen Entwicklung. Ihr Dilemma besteht aus zwei Alternativen: entweder sich auf den Alltag zu konzentrieren (dazu gehören die eigene Familie, Arbeit und Freizeit) oder sich der eigenen geistigen Entwicklung ernsthaft zu widmen. Sie erkennen meist nicht, dass beide Möglichkeiten nur die Extreme eines Kontinuums sind. Die Arbeit an der geistigen Entwicklung befähigt sie eher dazu, mit dem Alltag noch besser zurechtzukommen. Sie würden den Energie- und Zeitaufwand in die persönliche Entwicklung nicht als Verlust betrachten. Wer diesen Weg nicht geht, läuft Gefahr, sich mit zunehmendem Alter in einen geistigen Faulpelz zu verwandeln!

Die Geistesschärfe

Abb. 5

In Abb. 5 ist es dem Mann gelungen, die Aufmerksamkeit des Elefanten auf sich zu ziehen. Der Affe verliert die Kontrolle über den Elefanten und versucht erfolglos, ihn wieder zu beherrschen. Im übertragenen Sinn hat der Übende den Kontakt mit dem eigenen Geist aufgenommen und kann ihn sogar gelegentlich lenken. Der Hase sitzt immer noch auf dem Elefanten, was darauf hinweist, dass der Geist des Übenden weder klar ist noch die Kraft hat, sich gegen die Sinneseindrücke zu wehren.

Das Seil hängt um den Hals des Elefanten und symbolisiert weiterhin die Konzentration, aber der Mann hält es nun so locker, dass der Elefant sich wieder umdrehen und dem Affen folgen könnte, wenn er es wollte. Aber er kann es nicht mehr, weil der Mann in der rechten Hand zusätzlich einen spitzen Dressur-Haken hat, dessen Stiche sehr schmerzhaft sind und den Elefanten unter Kontrolle halten. Der Übende ist nicht mehr zerstreut und benutzt nur noch die Geistesschärfe, um den eigenen Geist vollständig zu beherrschen.

Durch die meditative Praxis hat der Übende seine Konzentration wesentlich verbessert und kann nun die Aufmerksamkeit nicht nur auf jedes beliebige Objekt richten, sondern auch andere Objekte aus dem Bewusstsein ausschließen. Er weiß noch nicht, wo ihn sein Weg hinführt, deshalb beschäftigt er sich weiterhin mit sich selbst und versucht den eigenen Geist noch klarer zu sehen. Dabei hilft ihm die zweite Geistessäule, die Geistesschärfe. Sie ist jedoch schwach und muss zuerst gestärkt werden. Dazu dienen unterschiedliche Meditationen, unter welchen die bekanntesten die so genannten Achtsamkeits- und Vipassana-Meditationen sind.

Bei den Achtsamkeits-Meditationen richtet der Übende seine Aufmerksamkeit auf »Nichts« – er verweilt in einer »Lauerstellung« und lässt alles geschehen: Taucht ein Gedanke auf, stellt er fest, dass ein Gedanke aufgetaucht ist, hört er ein Vogelzwitschern aus dem Garten, stellt er dieses ebenfalls nur fest, ohne darauf zu reagieren und sich geistig weiter damit zu beschäftigen.

Bei den Vipassana-Meditationen untersucht der Übende einen Teil seiner Realität. In den alten buddhistischen Schriften werden vier Realitäten beschrieben:
1. die Außenwelt, die man mit den Sinnen wahrnehmen kann (sehen, riechen, hören, schmecken und spüren),
2. die Körperempfindungen,
3. die Gefühle,
4. die Gedanken.

Der Meditierende »untersucht« diese vier Realitäten, indem er seine Aufmerksamkeit auf einen Teil der jeweiligen Realität richtet.

Ein Beispiel dafür ist, wenn der Meditierende seine Aufmerksamkeit auf Geräusche richtet und die Aufgabe hat, sobald er irgendein Geräusch hört, es zu zählen und dabei darauf zu achten, sich vom Zählen der Geräusche nicht ablenken zu lassen.

Erst nachdem der Übende seine Geistesschärfe verbessert hat, merkt er, dass er auch in seinem Alltag mit sich selbst, mit anderen Menschen und sogar mit Gegenständen achtsamer umgeht und dadurch eine neue Lebensqualität gewinnt.

In einer alten buddhistischen Lehrgeschichte ist die Rolle der Geistesschärfe für den Alltag beschrieben:

Einmal wanderten zwei Pilgermönche gemeinsam; ein junger und ein alter. Am Ufer eines Flusses trafen sie ein junges Mädchen, das offensichtlich Angst vor dem reißenden Fluss hatte und deshalb zögerte, über eine Planke zum anderen Ufer zu balancieren. Es war Monsunzeit und das Wasser war bereits über die Ufer getreten. Als der alte Mönch erkannte, dass das Mädchen den Fluss überqueren wollte, nahm er es auf seine Arme, trug es über den Balken und setzte es auf der anderen Flussseite ab. Daraufhin setzten die Mönche ihre Reise fort. Mit der Zeit wurde jedoch der junge Mönch zunehmend unruhiger, und nach ein paar Stunden konnte er sich nicht mehr zurückhalten. Schließlich sprach er den alten Mönch an: »Du weißt, dass es uns Buddhisten verboten ist, Frauen zu berühren. Du hast das junge Mädchen nicht nur berührt, sondern sogar über den Fluss getragen! Dadurch hast du dein Karma verschlechtert und dich noch weiter vom Nirvana entfernt.« »Es ist wahr, dass ich das Mädchen über den Balken getragen habe«, erwiderte der alte Mönch. »Ich habe es auf der anderen Flussseite abgesetzt – du trägst es aber immer noch in deinen Gedanken!«

Meditationen für Fortgeschrittene

Abb. 6

In Abb. 6 lässt sich deutlich erkennen, dass der Elefant dem Mann gehorsam folgt, während der Affe sich hinter dem Elefanten befindet und versucht, dessen Aufmerksamkeit auf sich zu ziehen. Der Übende auf dieser geistigen Entwicklungsstufe muss den eigenen Geist nicht mehr kontrollieren, weil er angefangen hat sich mit dem Geist zu vereinigen. Der Hase sitzt nicht mehr auf dem Elefanten; der Übende hat sich endgültig von der lauwarmen Trance befreit. Der Übende verfügt über eine perfekte Geistesschärfe und ist in der Lage, gleichzeitig die Sinneseindrücke und die Geschehnisse in seinem Geist wahrzunehmen. Der Mann hält noch immer den Haken in der rechten und das Seil in der linken Hand. Er muss sie jedoch nun nicht mehr benutzen, weil er den Elefanten fast gezähmt hat und ihn nur locker am Seil führt. Der Übende kann den eigenen Geist mühelos kontrollieren; es genügt ihm, sich seines Wunsches bewusst zu werden, und bereits in diesem Augenblick fängt er an ihn zu verwirklichen.

Hat der Übende diese Stufe der geistigen Entwicklung erreicht, kann es passieren, dass er mehrere Jahre lang keinen

Fortschritt bemerkt. Er hat alle drei Pfeiler des Geistes bis zu einem hohen Niveau entwickelt und kann sie in seinem Alltag nach Bedarf benutzen. Benötigt er eine starke Konzentration, genügt seine Entscheidung, und er kann seine Aufmerksamkeit auf das gewünschte Objekt oder den Prozess richten und bis zu 2 Stunden lang festhalten. Er muss sich dazu zwar intensiv bemühen, aber es macht ihm trotzdem Spaß, sich auf diese Art zu konzentrieren. Besonders wenn es sich um einen komplexen Inhalt handelt, kann er nicht nur seine Aufmerksamkeit darauf richten, sondern sich mit dem Inhalt so lange beschäftigen, bis er jedes Detail kennen gelernt und verstanden hat.

Ein gutes Beispiel dafür ist ein Konzert der klassischen Musik: Er ist in der Lage seine Aufmerksamkeit auf das ganze Ereignis zu richten, statt nur dem Hauptthema zu folgen. Gleichzeitig unterscheidet er die Beiträge aller Instrumente sowie deren Zusammenspiel. Er erkennt spontan Harmonien und erlebt die Schönheit der Musik viel intensiver als derjenige, der seine Konzentration und Geistesschärfe nicht in vollem Umfang einsetzen kann.

Von den *Geistestäuschungen* hat er sich jedoch noch nicht befreit und befindet sich deshalb in einer Falle: Auf der einen Seite verfügt er über seinen Geist und beherrscht die eigenen Sinne, auf der anderen Seite empfindet er zunehmend eine innere Zufriedenheit mit sich selbst und mit seiner Lebensqualität. Die Suche nach der wahren Natur aller Dinge wird oft auf dieser Stufe abgebrochen. Dem Übenden fehlt die Geisteskraft, die nur durch eine absolute Entschlossenheit aufgebaut werden kann. Die alten Meister der Individuellen Meditation sprachen von der »bitterbösen Entschlossenheit«; damit wollten sie ausdrücken, dass der Übende seine Willensgrenze sogar überwinden muss.

Es gibt zwei Arten des Meditierens, die auf dieser Stufe angewandt werden:
1. präzises Meditieren und
2. übernatürliches Meditieren

Präzises Meditieren bedeutet, die Meditationsaufgabe fast kraftlos zu praktizieren. Dazu dienen so genannte Forschungsmeditationen. Eines der besten Meditationsobjekte für die Forschungsmeditation ist der Geist selbst, da man ihn überallhin »mitnimmt« und so nicht von äußeren Umständen abhängig ist. Man muss keine Kerze anzünden und keinen Punkt an die Wand zeichnen. Es genügt, die Aufmerksamkeit auf den eigenen Geist zu richten, ein Niveau des Bewusstseins zwischen Trance und absoluter Klarheit als Meditationsziel zu wählen und zu versuchen, sich in den gewählten Zustand zu versetzen. Gelingt es dem Übenden, diesen Zustand zu erreichen, sollte er ihn ohne Schwankungen beibehalten. Dabei achtet er darauf, die kleine Übung mit einem möglichst geringen Kraftaufwand zu praktizieren, als würde er einen dünnen Faden durch ein winziges Nadelöhr ziehen.

Übernatürliches Meditieren bedeutet, dass der Übende alle Möglichkeiten des Geistes und des Körpers nutzt, um sich der Meditationsaufgabe zu widmen. Eine so genannte offene Frage eignet sich am besten für diese Art des Meditierens. Offene Fragen als Meditationsobjekte wurden in der Chan-Tradition – dem chinesischen Zen-Buddhismus – entwickelt. Folgende Frage wird beispielsweise oft als Meditationsaufgabe eingesetzt: »Wenn die Frage ›Was ist der Sinn des Lebens?‹ nicht die richtige ist, was ist dann die richtige Frage?«

Die Anweisung zum Meditieren lautet: *Richten Sie Ihr ganzes Wesen auf die Suche nach der Antwort, inklusive des eigenen Geistes, des Atems, aller Muskeln, Knochen und des ganzen weichen Gewebes, um die Frage zu entziffern. Vergessen Sie die Zeit und alle Verpflichtungen, vergessen Sie, dass Sie Durst und Hunger haben, und erfüllen Sie Ihr Bewusstsein nur noch mit dieser Frage, bis Sie alle logischen Antworten überprüft und verworfen haben. Versuchen Sie sich nicht mit falschen Antworten zufrieden zu stellen, es gibt keine logische Antwort auf diese Frage, deshalb verwerfen Sie gnadenlos jede Antwort, egal wie überzeugend sie aussieht. Durch den Zweifel getrieben suchen Sie weiter, als hinge Ihr Leben von der richtigen Antwort ab.*

Vor dem Übenden befindet sich eine »torlose Schranke« – sein Meister. Kommt der Schüler mit einer Antwort, beginnt der Meister mit ihm einen Dialog, durch den er erkennt, ob der Geist des Schülers reif genug ist, um die erste Einsicht in die Wahre Natur zu erlangen.

Nur der Meister kann beurteilen, ob der Schüler besser das präzise oder das übernatürliche Meditieren praktizieren kann. Es ist jedoch viel wichtiger, mit dem Schüler seine Aufgabe so ausführlich zu besprechen, dass dieser auch versteht, weshalb ihn nur diese und keine andere Übung auf der Suche nach der Wahrheit (und damit auch nach der Wahren Natur aller Dinge) weiterbringen kann.

Natürlich kann jeder Leser beide Übungen selbst ausprobieren. Der mögliche Schaden beim präzisen Meditieren begrenzt sich auf den Zeitverlust. Beim übernatürlichen Meditieren sollte man jedoch den körperlichen Zustand berücksichtigen, weil es bei Herzkranken, Asthmatikern und anderen chronisch Kranken zu gesundheitlichen Beeinträchtigungen kommen kann. Dies rührt daher, dass sich der Übende beim übernatürlichen Meditieren auch körperlich maximal einsetzt, die Muskeln anspannt und verbissen übt. Leidet er beispielsweise unter Bluthochdruck, besteht die Gefahr, dass durch die körperliche Anstrengung der Blutdruck noch weiter steigt und einen Schlaganfall oder Herzinfarkt auslöst.

Meditationen über Gott und das Nichts

Abb. 7

In Abb. 7 lässt sich erkennen, dass der Mann angefangen hat den Elefanten zu kontrollieren. Hinter dem Mann läuft der Affe, der versucht, den Mann daran zu hindern den Elefanten zu steuern. Der Mann befindet sich in einem Zwiespalt, ob er sich dem eigenen Geist widmen oder die eigenen Sinne zähmen sollte. Der Elefant sieht ganz zahm aus, und der Mann muss weder das Seil noch den Haken benutzen – der Übende verfügt über einen ruhigen und gesammelten Geist. Er muss weder die Konzentration noch die Geistesschärfe anwenden.

In der alten tibetischen Geschichte über das Zähmen des Elefanten und des Affen stellt diese Abbildung den Augenblick dar, in dem der Affe den Elefanten und den Mann verlässt. In der Lehre der Individuellen Meditation wird das Weggehen des Affen durch die Tatsache erklärt, dass der Übende den Sinneseindrücken nicht erlaubt, ihn auf seinem Entwicklungsweg zu stören, obwohl er immer noch gelegentlich merkt, dass seine Aufmerksamkeit zerstreut ist und er von der geistigen Trägheit beherrscht wird. Trotzdem erlebt er beides nur als schwache und kurz andauernde Unterbrechungen und ist in der Lage, sie ohne große Mühe zu überwinden.

Der Übende hat nun seinen tiefen Glauben gefunden – entweder an Gott oder an sich selbst, oder an beide. Er ist bereit, sich der wahren Suche zu widmen. Dabei befindet er sich wieder vor einem Scheideweg, muss jedoch keine Wahl treffen. Schon vorher hat er sie getroffen: Er will den Gipfel erklimmen und es hängt nur noch von seinem Glauben ab, ob er den Weg zu Gott oder zu sich selbst zurücklegen möchte.

Den Weg zu Gott bezeichnet man als »Eins«, den Weg zu sich selbst als »Null«. Diese beiden Wege sind in unterschiedlichen Traditionen entstanden, lassen sich jedoch im Weg der Selbstfindung vereinigen.

Die Bezeichnung »Eins« weist darauf hin, dass der Übende in seiner Meditation die Gottesnatur erlangen möchte – »Eins« steht für Gott. »Null« steht für »Nichts« und entspricht dem buddhistischen Glauben, dass alles vergänglich ist und deshalb nicht existiert. Die einzige Tatsache ist die »Leere«, in der alles geschieht, egal ob es sich um die äußeren Ereignisse oder um die Geschehnisse im Bewusstsein des Übenden handelt. Da all diese Geschehnisse, sowohl äußere als auch innere, für den Übenden nur dann bestehen, wenn er sich deren bewusst wird, betrachtet man im Buddhismus alles außer »Leere« als eine Geistesillusion und bezeichnet sie als *maya*.

Der Suchende hat seinen inneren Frieden gefunden. Frei vom Haften an Sinneseindrücken und frei von der Gier nach Macht, Lust und Haben verabschiedet er sich von seinem Affen, der bis zu diesem Augenblick alles symbolisierte, was man sehen, hören, schmecken, riechen und spüren kann.

Mancher Schüler, der mit der Meditation anfangen möchte, fragt sich, ob er dadurch gleichgültig werden könnte.

Wenn er keinen Spaß an Sinnesfreuden mehr hat, wozu sollte er dann überhaupt leben? Diese Frage wird den Meditationsmeistern unterschiedlicher Traditionen oft gestellt. Die meisten behaupten, dass die innere Freude, die tiefe Erkenntnis zu erlangen, den »Nicht-Haftenden« mehr erfüllt als die endlose Hast von einem aufregenden Ereignis zum nächsten. Der Weg dahin sei jedoch lang und ungewiss, deshalb entschieden sich nur wenige, ihn beständig zu gehen.

Die Antwort der Individuellen Meditation ist anders: Frei von Gier zu sein bedeutet nicht, sich von den eigenen Wünschen zu verabschieden, sondern »Herr über seine Sinne« zu sein und sich der Sinnesfreude vernünftig, also weise, hinzugeben. Statt dass die Außenwelt bestimmt, wie der Übende lebt, was er denkt, wie er sich fühlt und verhält, kann er selbst entscheiden, was mit ihm geschehen wird, indem er die wahre Freiheit über das Erreichen der eigenen inneren Freiheit erlangt.

Es gibt zwei Meditationsarten auf dieser Stufe:
1. die edle Meditation der Gottesform und
2. die edle Meditation der absoluten Stille.

Wer sich auf die Suche nach Gott macht, sollte *die edle Meditation der Gottesform* praktizieren. Sie basiert auf dem zweifellosen Glauben des Übenden, ein Gottesgeschöpf und Ausdruck des Willens Gottes im Universum zu sein. Im Hinduismus besteht diese Meditation aus der Anweisung, sich Gott oder eine seiner Erscheinungsformen vorzustellen. Obwohl sich alle hinduistischen Gottheiten auf eine zurückführen lassen, auf Brahma, den Schöpfer des Universums, wählt der Übende nie ihn als Meditationsobjekt, weil niemand von Brahma erwarten kann, dass er ihm einen Wunsch erfüllen würde. Brahma hat nämlich seine Gottespflicht bereits getan; er hat das Universum erschaffen. Alle anderen hinduistischen Götter haben eine konkrete Form, die entweder als Abbildung oder als Statue dargestellt wird. Sie befindet sich meist in einem Tempel oder im Hausaltar. Der Übende stellt sich dieses Bildnis eines bestimmten Gottes vor, versucht mit dieser Vorstellung den eigenen Geist zu erfüllen, sich mit der Vorstellung zu vereinigen und dadurch eins mit Gott zu werden.

Im Buddhismus, besonders in der chinesischen und tibetischen Tradition, stellt man sich Buddha vor und versucht, sich mit der Vorstellung so zu vereinigen, dass man ein Buddha, also ein Erwachter wird. Alle Buddhisten legen dabei besonderen Wert auf die Körperhaltung – bewegungslos zu sitzen bedeutet für einen Buddhisten, sich auf das Meditationsobjekt mit einer endlosen Hingabe zu konzentrieren und sich selbst für das Ziel des Meditierens aufzugeben. Darüber hinaus betrachtet der Meditierende das Sitzen selbst als Meditationsobjekt. Die Aufgabe besteht darin, kleinste Abweichungen vom bewegungslosen Sitzen wahrzunehmen. Dabei ist der wahre Übende eher bereit zu sterben, als nur eine einzige Abweichung zu verpassen.

Im Christentum werden vor allem Glaubenssymbole als Meditationsobjekte benutzt, wie z.B. Jesus Christus am Kreuz. Darüber hinaus empfiehlt es sich, das eigene Leben so einzurichten, dass man die Leiden des Herrn nachempfinden und dadurch Gott näher kommen kann. Die kleine meditative Übung besteht darin, sich das Kreuz vorzustellen und über die Leiden Jesu aktiv nachzudenken.

Die edle Meditation der absoluten Stille besteht aus der Suche nach sich selbst und basiert auf dem Glauben, die wahre Natur erst dann erkennen zu können, nachdem alle Geistesprodukte neutralisiert wurden. Solange der Übende denkt, kann er die Wahre Natur des Geistes nicht erkennen. Das Ziel besteht also darin, aufzuhören zu denken, ohne sich dabei selbst zu verlieren, sondern in der Lauerstellung die Wahre Natur zu erkennen. Der Übende sollte eine besondere Realität begreifen, nämlich die ohne Worte, ohne Sinneseindrücke und ohne Gedanken.

Im Zen ist eine solche Meditation *shikantaza*. Sie stammt aus der Gruppe der Achtsamkeitsmeditationen, die bereits Buddha seinen Jüngern empfohlen hat (in buddhistischen Schriften wird empfohlen, auf Reize von außen, Körperempfindungen, Gefühle oder Gedanken zu achten).

In der Tradition der Individuellen Meditation wurden viele Übungen entwickelt, die auf der Annahme basieren, dass allein die meditative Praxis die Einsicht in die Wahre Natur aller Dinge ermöglicht. Ein Beispiel einer edlen Meditation der absoluten Stille ist die *Felsenmeditation*. Der Übende sitzt bewegungslos und lässt alles in seinem Geist entstehen, ohne dabei die Aufmerksamkeit aktiv auf die Geschehnisse zu richten, egal ob es sich um Vorstellungen, Gedanken, Sinneseindrücke oder Erinnerungen handelt. Verfügt er über eine stabile Konzentration und eine perfekte Geistesschärfe, kann er alles geschehen lassen, bis sich die *edle Stille* im Geist verbreitet. Dann steht ihm der schwierigere Teil der Meditation bevor: die edle Stille absichtslos aufrechtzuerhalten, da die Absicht ihn nur beunruhigen und behindern würde.

Dass der Übende auf dieser Stufe noch nicht frei von Versuchungen ist, beweisen seine Schwierigkeiten beim Meditieren. Obwohl er voller Glauben und mit Hingabe meditiert, erlangt er noch nicht sein wahres Ziel – die endgültige Einsicht in die Natur des eigenen Geistes.

Die erste Einsicht

Abb. 8

Auf der achten Stufe hat der Übende seinen Geist fast gezähmt, der Elefant erscheint ganz in weiß und folgt dem Menschen gehorsam. Es gibt weder Trägheit noch Zerstreutheit. Der Schüler braucht nur noch wenig Anstrengung aufzuwenden, um richtig zu meditieren.

Der Affe ist verschwunden – statt durch die Willkür der Sinne geleitet zu werden, kontrolliert der Mensch nun seine Sinne und nutzt sie nach Bedarf.

Eines der wichtigen Ziele auf dem Weg der geistigen Entwicklung im Rahmen der Individuellen Meditation lautet: »Öffnen, was verschlossen ist.« Diese Aussage bezieht sich auf die sechs Sinne. Es gibt zwei Arten, die Sinne zu öffnen:
1. Die Befähigung der Sinne, die kleinsten Unterschiede zwischen nahezu identischen Objekten wahrzunehmen. Ein gutes Beispiel dafür ist, wenn innerhalb einer Komposition eine Melodie in unterschiedlichen Klangfarben wiederholt und damit der gesamte ästhetische Eindruck verbessert wird. Der Übende ist nur dann in der Lage, die Klangfarbenunterschiede wahrzunehmen, wenn er sein Gehör so geschärft hat,

dass er das soeben Gehörte mit dem, was er gegenwärtig hört, vergleichen kann.

2. Der Erwerb der Fähigkeit, nur die Reize wahrzunehmen, die der Übende wahrnehmen möchte. Dazu gehört die selektive Wahrnehmung, indem der Übende unterschiedliche Kriterien anwendet, wie zum Beispiel die Gefahr als Kriterium, den Nutzen, die Schönheit und die persönliche Entwicklung.

Die Gefahr als Kriterium selektiver Wahrnehmung wird meist mit Angst in Verbindung gebracht. Verursacht eine objektive Gefahr Angst beim Übenden, nimmt er nur die Reize wahr, die für seine Reaktion auf die vorhandene Gefahr wichtig sind. Dies setzt jedoch voraus, dass seine Sinne offen sind und dass er über eine perfekte Geistesschärfe verfügt.

Ein gutes Beispiel dafür ist das Autofahren im Platzregen: Der Autofahrer mit scharfen Sinnen kontrolliert den Wagen auf der rutschigen Straße nur aufgrund jener Fakten, die ihm ermöglichen einen Unfall zu verhindern. Er übersieht die umliegenden Berge, den Wald und die Häuser neben der Straße und richtet seine Aufmerksamkeit auf die Anzeigen im Auto, um die Rutschgefahr rechtzeitig zu erkennen, nimmt die eventuellen Pfützen auf der Straße wahr, um sich auf das Aquaplaning einzustellen und achtet nur noch auf die Verkehrszeichen, die auf die Gefahren im Regen hinweisen.

Das »Öffnen der Sinne« durch die Anwendung des Kriteriums »Nutzen« besteht darin, dass der Übende seine Aufmerksamkeit nur auf die Inhalte richtet, die für das erfolgreiche Verhalten wichtig sind. Dabei versteht sich der Erfolg in diesem Kontext entweder als

a) die Schritte zum Erreichen des geplanten Ziels oder
b) als Neutralisierung bzw. Verminderung schädlicher Auswirkungen seiner Aktion.

Dieses Kriterium verwendet man beim Planen zukünftiger Ziele und beim Treffen von Entscheidungen auf der Basis von Sinneseindrücken.

Wer wichtige Reize leicht erkennt, kann auch leicht und intuitiv erkennen, welche Fakten er berücksichtigen sollte, wenn er zum Beispiel die Entscheidung trifft, ob er ins kalte Wasser springen oder ganz allmählich hineingehen sollte.

Verfügt ein mutiger Mensch über eine solche Sensibilität, trifft er die vernünftige Entscheidung, nicht ins Wasser zu springen, weil er die Kälte des Wassers, den Wind und die niedrige Außentemperatur mit dem eigenen Alter, der Unsportlichkeit und der Herzschwäche in Verbindung bringt. Wer mutig ist und zugleich nicht erkennt, wie wichtig diese Faktoren sind, wird in der gleichen Situation instinktiv eine unvernünftige Entscheidung treffen: Er springt ins kalte Wasser und setzt sich der Gefahr eines Herzinfarktes aus.

Die »Schönheit« als Kriterium für das »Öffnen der Sinne« entwickelt beim Übenden die Fähigkeit, Dinge ästhetisch zu erleben. Menschen, die das ästhetische Kriterium hoch entwickelt haben, sind in der Lage, Kunst und Kitsch fehlerfrei zu unterscheiden. Bereits der erste Eindruck reicht ihnen dafür aus, weil sie die Aufmerksamkeit nur auf die Inhalte richten, welche auf den Unterschied zwischen Kunst und Kitsch hinweisen.

Ein Beispiel dafür ist der Unterschied zwischen einem Engelchen, das man auf einem Weihnachtsmarkt sehen kann, und der Statue eines Engels im Museum. Beim ersten kommen die übertriebenen Rundungen zum Vorschein und man empfindet es eher als »süß«, während die Statue im Museum bewundert und als schön betrachtet wird, weil nicht die Rundungen, sondern die Perfektion der Form und der Schönheit die Statue auszeichnen. Allerdings kann man nur dann das Engelchen als kitschig und die Statue als ästhetisch erleben, wenn man die Fähigkeit dafür entwickelt hat.

Persönliche Entwicklung als Kriterium für das »Öffnen der Sinne« entsteht erst, wenn der Mensch anfängt sich selbst zu verwirklichen. Wer eine hohe Sensibilität für die Fakten hat, die für seine persönliche Entwicklung wichtig sind, richtet seine Aufmerksamkeit nur auf sie und übersieht alle anderen. Zusätzlich verfügt dieser Mensch zunehmend über die Fähigkeit, neue Inhalte intuitiv richtig zu beurteilen und festzustellen, ob sie für seine Entwicklung wichtig sind oder nicht. Wer dieses Kriterium noch nicht entwickelt hat, beschäftigt sich weder mit den neuen Inhalten noch mit den für seine Entwicklung relevanten Fakten, sondern folgt dem eigenen momentanen Impuls.

Ein Beispiel dafür wäre ein Mensch ohne Sensibilität für seine persönliche Entwicklung, der in der Fußgängerzone einer Stadt spazieren geht, vor unterschiedlichen Schaufenstern anhält, sich mit Schmuck, Uhren, Bekleidung, Zigaretten und Schuhen beschäftigt, weil er von all diesen Reizen angezogen wird. Ein Mensch, bei dem die persönliche Entwicklung im Vordergrund steht, eilt an den Schaufenstern vorbei, ohne ihnen einen einzigen Blick zu schenken, und geht direkt in eine Buchhandlung hinein, um dort nach dem Inhalt zu suchen, der ihm bei seiner persönlichen Entwicklung helfen könnte.

Auf dieser Stufe der geistigen Entwicklung kann der Übende die Früchte der Meditation auf den Alltag übertragen. Er verfügt über eine »leichte Konzentration« und eine perfekte Geistesschärfe, sodass er sich seinen Lebensinhalten ohne Geistesstörungen widmen kann. Ihn treibt nur noch der Wunsch, die Tür einer anderen Wirklichkeit zu öffnen. Er vermutet zwar, dass es so eine Wirklichkeit gibt, kann sie jedoch mit seinen Sinnen nicht wahrnehmen, sondern nur direkt oder, wie sein Meditationsmeister behauptet, »intuitiv«. Dies entspricht einem der wichtigsten Ziele der Individuellen Meditation: »Erforschen, was verborgen ist.« Dass es eine andere Wirklichkeit gibt, bezweifelt er nicht mehr, weil er in der Zwischenzeit die Kraft des leeren Geistes erfahren hat.

Der Übende kann nun fast alle Prozesse im Körper beeinflussen. Sein Atem wird beim Meditieren langsamer und er benötigt nicht mehr als zwei Atemzüge pro Minute, um sich mit dem notwendigen Sauerstoff zu versorgen. Dieser Bedarf hat sich von allein eingestellt, ohne dass er irgendwelche Atemübungen praktiziert hat. Durch den Einsatz der starken Konzentration gelingt es ihm auch, Schmerzen zu ertragen, die andere Menschen als unerträglich betrachten würden. Langes Sitzen während der Meditationswochen hat ihn so gestärkt, dass er die unvermeidbaren Schmerzen in den Knien oder im Rücken annimmt und als Meditationsobjekte nutzt. Obwohl er die Schmerzen in ihrer vollen Stärke empfindet, leidet er nicht mehr darunter und kann sie als etwas Neutrales betrachten.

Der Wunsch jedoch, den letzten Sprung zu machen, bleibt als kleiner »Schatten« in seinem Geist. Die Aufgabe des Meisters besteht darin, diesen Schatten zu erkennen und den Übenden von ihm zu befreien. Zum ersten Mal schickt der Meister seinen Schüler auf eine lange Reise, die man als »Ausreifen des Geistes« bezeichnet. Es geht nicht darum, dass der Schüler tatsächlich fortgeht, sondern dass er für eine längere Zeit seinen Meister verlässt und sich allein auf seinem Weg zurechtfindet. Zuvor führt der Meister ein ausführliches Gespräch mit seinem Schüler. Die Sehnsucht nach der Erleuchtung, die der Schüler während der ganzen meditativen Betreuung gespürt hat, gibt er letztendlich während dieses Gespräches auf, weil er begreift, dass die Wirklichkeit, in der er lebt, seine Erleuchtung ist. Diese Wirklichkeit nicht zu verlassen, sondern sie jedes Mal als neu und frisch zu erleben, als würde er jeden Morgen beim Erwachen neu geboren, ist die tiefe Einsicht, die er in diesem Gespräch erlangt. Trotzdem fängt er an, sich allein, verlassen und einsam zu fühlen, weil sein Meister für ihn nur noch gelegentlich, d.h. ein bis zwei Mal im Jahr erreichbar ist. Er hat den Eindruck, wie eine Pflanze mit einer zu kurzen Wurzel in der Wüste zu sein. Der Meister war bis zu diesem Augenblick sein einziger Zufluchtsort, und er hat zu ihm eine ganz spezielle Beziehung entwickelt. Allein durch die Tatsache, den Meister kennen gelernt und auf dem langen gemeinsamen Weg überprüft zu haben, hat der Schüler zu ihm großes Vertrauen und eine tiefe, sehr spezielle Liebe entwickelt. Er spürt und erkennt nun auch, wie sein Meister ihn nach Bedarf unterstützt, gefördert, belehrt und herausgefordert hat. Da er die eigene Sensibilität durch die Meditation erhöht hat, empfindet er zum ersten Mal eine tiefe Trauer in sich.

Er übersieht aus diesem Grund, dass es dem Meister auch schwerfällt, ihn auf die Reise zu schicken. Das Ego des Schülers meldet sich gerade in diesem Augenblick; der Meister erkennt dies und weiß, dass es richtig ist, den Schüler auf die Reise zu schicken, die für den Schüler zwar schwierig, für seine weitere Entwicklung jedoch notwendig ist.

In diesem Gespräch findet die so genannte *große Initiation* statt: Der Meister erteilt dem Schüler eine Meditation, die er so lange praktizieren sollte, wie er sich in diesem kritischen Zustand befindet. Diese Aufgabe gibt dem Schüler sicheren Halt und ersetzt den Meister.

Die Sehnsucht nach der Erleuchtung wurde zerstört. Einen Weg zurück gibt es für den Schüler nicht mehr. Sein Geist hat sich verändert – er ist endgültig reifer geworden und wird im weiteren Leben von den drei Pfeilern des Geistes getragen. Konzentration, Geistesschärfe und Geisteskraft sind gleichermaßen entwickelt. Der Schüler kann sich zwar in den Zustand der *lauwarmen Trance* versetzen, wird sich aber gleichzeitig dieses Zustandes bewusst und die Gefahr sich zu verlieren besteht nicht mehr. Seine geistigen Ressourcen stehen ihm zum ersten Mal in vollem Umfang zur Verfügung. Er hat alle Werkzeuge zur Überwindung der letzten Barriere entwickelt, nur noch eines fehlt ihm: das Geschick, mit der Konzentration, Geistesschärfe und Geisteskraft richtig und präzise umzugehen. Auf dem letzten Abschnitt des Weges kann ihm keiner, außer seinem Meister, helfen. Die Hilfe des Meisters besteht allerdings darin, den Augenblick zu erkennen, in welchem er sich vom Schüler für eine bestimmte Zeit trennen sollte. Das Ei ist nun reif, das Küken ist bereit, es sollte nur noch die Schale durchbrechen, den Blick hinauswerfen und sich von der Schale befreien.

Dann kommt der Schüler wieder zu seinem Meister zurück und wird für das wahre Leben vorbereitet. Seine Sinne sind geöffnet, sein Geist ausgeglichen, und nur der letzte Schritt, *zu erforschen, was verborgen ist*, steht ihm noch bevor.

Rückzüge

Abb. 9

In Abb. 9 sitzt der Mensch in der Meditationshaltung, der Elefant liegt ihm zu Füßen. Der Übende ist in der Lage, sich ohne Anstrengung über eine längere Zeit auf die meditativen Aufgaben zu konzentrieren. Auf diesem Teil des Weges hat sich der Übende befähigt, über eine längere Zeit zu meditieren; er fängt an, so genannte »Langzeitmeditationen« zu praktizieren, die aus Sitz- und Gehmeditationen bestehen.

Die lassen sich auf einen Zweig der Lehre der Individuellen Meditation zurückführen, der im Mittelalter in Burma weiterentwickelt wurde. Aus dieser Zeit stammen die berühmten Waldmeditationen: Die Schüler bildeten kreisförmige Pfade im Wald, um in der Gruppe im Kreis gehen zu können. Es war dabei wichtig, dass der Kreispfad weder zu lang noch zu kurz ist. Die Übenden sollten hintereinander im Gleichschritt gehen, auf den dadurch erzeugten Klang achten und die Aufmerksamkeit auf die Fußsohlen richten, um deren Berührung mit dem Boden wahrzunehmen. So wurde eine Meditationsart entwickelt, die gleichzeitig die Konzentrationsfähigkeit und Geistesschärfe beansprucht und fördert. Dauert die Gehmeditation länger als eine Stunde, wird auch die Geisteskraft gefördert.

Die Sitzmeditationen wurden bereits mehrmals erwähnt und beschrieben; der Schüler fängt an, sie über einen längeren Zeitraum, von 40 Minuten bis zu 2 Stunden, zu praktizieren.

Nur noch gelegentlich trifft er sich mit seinem Meister. Sein Wunsch nach der endgültigen Einsicht in die Wahre Natur aller Dinge meldet sich wieder, und er versucht mit anderen Meistern über die Meditation zu sprechen. Wurde er von seinem Meister über die Jahre hinweg richtig betreut, stellt er nun fest, dass dieser für ihn der einzig richtige war und ist.

Obwohl der Übende viele Vorteile durch seinen meditativen Weg gewonnen hat, befindet er sich wieder vor der Wahl:
1. entweder aufzuhören zu meditieren und die Früchte der Meditation zu verlieren, oder
2. weiter zu meditieren, um zu überprüfen, ob es tatsächlich eine andere Wirklichkeit gibt.

Entscheidet sich der Schüler, die Frage über die Existenz der anderen Wirklichkeit endgültig zu beantworten, lässt er sich von seinem Meister beraten, pflegt einen regelmäßigen Umgang mit ihm und baut eine feste Beziehung zu ihm auf. Der Meister begleitet ihn weiter auf seinen Weg.

Nachdem er andere Meister besucht und mit ihnen gesprochen hat, stellt er fest, dass er sie nicht hätte besuchen müssen. Seine Überlegungen erfährt er als eine geistige Reise, die ihm die Klarheit bringt, was er weiter tun sollte. Denn nach allen Erfahrungen und Eindrücken, die er über andere Wege gewonnen hat, denkt er, dass die Wege, die er ausprobiert hat, überflüssig waren. Sein Meister weiß aber, dass die Reise für den Schüler dennoch keine verlorene Zeit war. Wäre er nicht fortgegangen, hätte er diese Einsicht nicht erlangt. Vielleicht hätte er seinem Meister geglaubt, dass die Reise nur ein Zeitverlust ist, aber der Zweifel hätte trotzdem seinen Geist wie eine dunkle Wolke getrübt.

Nun steht der Schüler vor einer Wand, in der er kein Tor und kein Fenster sieht. Aber er vermutet dahinter eine andere Wirklichkeit. Ist es eine Wunderwelt, fragt er sich, oder etwas gänzlich Unvorstellbares und Neues? Kann man sich diese Welt vorstellen oder geht es um eine Idee, die man nicht begreifen, sondern deren Existenz man nur erkennen kann? Der Meister behauptet zwar, dass kein Trick auf dem Weg helfen kann und es keine Abkürzung zum Ziel gibt, aber der Schüler versucht trotzdem Kniffe und Abkürzungen zu finden und mithilfe des eigenen Denkens das große Hindernis zu überwinden. Er fängt an Bücher zu lesen, an welchen er zuvor nicht interessiert war, und sich mit Menschen zu unterhalten, die zum Beispiel behaupten, besondere Schwingungen zu spüren und »außersinnlich« Energiefelder zu sehen. Da er jedoch bereits die geistige Klarheit erlangt hat, hört er schnell auf, sich mit solchen Dingen zu beschäftigen. Trotzdem kann ihn dieses Interesse einige Monate in eine Sackgasse treiben.

Und noch etwas erkennt der Schüler, während er unterschiedliche Wege zur Wahren Natur aller Dinge überprüft: dass die Lebenszeit eine Ressource ist, die man weder sparen noch nachholen kann. Er begreift, dass er mit seiner Zeit sorgfältig umgehen sollte, weil die Lebenserwartung mit jeder vergangenen Minute kürzer wird. Beschäftigt er sich weiterhin mit dem Versuch, neue Wege zu gehen, übersieht er die Tatsache, dass nur *sein* Weg für ihn der richtige ist – auch dann, wenn es ihm bis zum Ende seines Lebens nicht gelingen sollte, die Frage zu beantworten, ob es tatsächlich eine andere Wirklichkeit gibt.

Neben seiner persönlichen kleinen Übung, die er nach der »Großen Initiation« zu praktizieren anfing, empfiehlt ihm sein Meister, weiterhin Einsichtsmeditationen zu üben. Zu einem früheren Zeitpunkt haben sie ihm ermöglicht, jene Aspekte der Realität zu erkennen, denen er sich mit Hingabe und unerschütterlicher Entschlossenheit gewidmet hat. Jetzt ermöglichen sie ihm, seine Forschung fortzusetzen und neue Aspekte der Realität zu entdecken.

Obwohl so genannte Rückzüge eine wichtige Rolle auf dem gesamten meditativen Weg spielen, bekommen sie auf dieser Stufe eine besondere Bedeutung: Sie helfen dem Schüler sich der meditativen Praxis intensiver zu widmen, das erreichte Niveau zu stabilisieren und sich mit dem Erforschen der inneren Welt dauerhaft zu beschäftigen.

Rückzüge haben folgende Formen:
1. Meditationstage – der Übende zieht sich einen Tag aus seinem Alltag zurück,
2. mehrmonatige tägliche Treffen mit anderen Übenden des gleichen Meisters, die meist nachmittags oder abends stattfinden und drei bis fünf Stunden dauern,
3. Meditationswochen,
4. Rückzüge in die Einsamkeit – in der fernöstlichen Tradition bekannt als mehrmonatiger Rückzug in den Wald, mit dem Ziel, den Geist von allen Eindrücken zu befreien, die durch die Kommunikation mit anderen Menschen entstanden sind.

Meditationstage

Es gibt zwei Arten von Meditationstagen: Die erste Art wird von einem Einzelnen praktiziert, indem er sich für einen Tag zurückzieht und nach einem bestimmten Plan meditiert. Die zweite Art bezieht sich auf einen Tag, den mehrere Meditierende zusammen verbringen. Entweder bekommen sie die Anleitung von ihrem Meditationsmeister oder er führt gemeinsam mit seinen Schülern den Tag durch.

Wenn ein Meditationsschüler sich für einen Tag zurückziehen möchte, empfiehlt es sich, den Rückzug mit dem Meister zu besprechen und dessen Anweisungen zu berücksichtigen.

Unabhängig davon, ob der Meditationstag mit dem Meister zusammen oder nur gemäß seinen Anweisungen durchgeführt wird, lassen sich folgende Ziele erreichen:

1. Durch beständiges Meditieren über mehrere Stunden, mit kleineren Unterbrechungen, kann der Übende seine Geisteskraft wesentlich verbessern.
2. Ein Meditationstag spornt den Schüler an, die Übungen mit mehr Hingabe als sonst zu praktizieren und kleine Erfolgserfahrungen zu sammeln.

Zieht sich der Schüler alleine zurück, stellt er dadurch seinen Willen auf die Probe. Er meditiert dadurch entweder noch entschlossener als in einer Gruppe oder er gibt seiner Bequemlichkeit nach und meditiert im Lauf des Tages nur noch oberflächlich und wird von der lauwarmen Trance überwältigt.

Leitet der Meditationsmeister einen Meditationstag, profitieren die Schüler neben einer intensiven Übungspraxis auch von seinen Erläuterungen über den Sinn des Meditationstages und der Beantwortung ihrer Fragen.

Ein Meditationstag besteht aus mindestens fünf Meditationseinheiten von jeweils 30 bis 40 Minuten mit 15-minütigen Pausen dazwischen, die entweder als Gehmeditation oder als Freizeit gestaltet werden. Wie ein Meditationstag aussieht, hängt von der Jahreszeit ab. Ein Meditationstag im Herbst fördert die Konzentration und Anpassung des Übenden an die herbstlichen Lebensumstände, ein Meditationstag im Frühling fördert das Wachstum und dient zur Anpassung des Übenden an das Erwachen der Natur.

Die übliche Zahl der Meditationseinheiten beträgt acht, und in extremen Fällen meditiert die Gruppe bzw. der Einzelne von früh am Morgen bis tief in die Nacht mit Unterbrechungen für die Mahlzeiten.

Normalerweise findet ein Meditationstag unter der Leitung eines Meisters bzw. eines Lehrers statt. Nur wenn die Gruppe keine Möglichkeit hat direkt betreut zu werden, kann sie die vorbereitete Anleitung von einem Meister oder Lehrer erhalten. Der Nachteil, ohne direkte Betreuung zu meditieren, besteht darin, dass der Gruppe die Korrekturen für auftretende Fehler sowie die Verbesserungen durch zusätzliche Anweisungen fehlen.

Die Alternative, alleine einen Meditationstag durchzuführen, hat den Nachteil, dass der Schüler nicht weiß, ob er den Anweisungen seines Meisters richtig folgt. Darüber hinaus fehlt ihm die Wirkung der Gruppe, die im Teil über Meditationswochen ausführlicher beschrieben ist.

Anzumerken bleibt, dass auch mehrere Meditationstage hintereinander noch keine Meditationswoche bilden.

Tägliche Treffen über mehrere Monate
Gemeinsames tägliches Meditieren über eine längere Zeit entstammt der Klostertradition aller fernöstlichen Lehren. Sowohl im Buddhismus als auch im Hinduismus, Taoismus und im Jainismus dient diese Praxis der Verbesserung der Selbstmotivation und der Entwicklung der Beständigkeit beim Meditieren. Darüber hinaus dienen sie dazu, den Geist hinsichtlich der kleinen Schwierigkeiten beim Meditieren und der großen Meditationshindernisse zu schulen.

Solche Treffen finden innerhalb eines Zeitraums von drei Monaten täglich statt; jeden Tag meditieren die Schüler drei bis vier Stunden unter der Leitung des Meisters, was jeweils einer »Kurzversion« eines Meditationstages entspricht. Da sie mindestens drei Monate mit dem Meister zusammen üben, bemerken sie nicht nur, dass sie Fortschritte machen, sondern bekommen darüber hinaus auch ständige Rückmeldungen ihres Meisters, was zusätzlich ihre Geistesschärfe fördert.

Meditationswochen
Die häufigste Form sind *Meditationswochen*. Sie dauern zwischen 6 und 10 Tagen und werden in Gruppen unterschiedlicher Größe (10-200 Teilnehmer) abgehalten. Im Hinduismus und im Buddhismus sind die Gruppen wesentlich größer als in der Individuellen Meditation, weil der Lehrer nur

mit denjenigen spricht, bei welchen er annimmt, dass sie seinen Rat brauchen. Im Rahmen der Individuellen Meditation läuft die Meditationswoche anders ab als in anderen Traditionen. Der Meister spricht am Anfang mit jedem der Teilnehmer in Einzelsitzungen. Deshalb ist die Teilnehmerzahl auf 30 Personen begrenzt, sonst hätte der Meister nicht genügend Zeit für beides: individuelle Gespräche mit allen Teilnehmern und Meditation mit der Gruppe. Normalerweise kommen zu einer Meditationswoche Teilnehmer, die sich hinsichtlich ihrer Konzentration, Geistesschärfe und Geisteskraft wesentlich voneinander unterscheiden. Nach den Gesprächen mit allen Teilnehmern und einer ausführlichen Analyse aller gesammelten Informationen bestimmt der Meister die Meditationsaufgabe für die ganze Gruppe, die jedem Teilnehmer einen großen Entwicklungssprung ermöglicht.

Eine Meditationswoche besteht grundsätzlich aus der Kombination von Geh- und Sitzmeditationen sowie aus Anweisungen und Korrekturen, die der Meister den Übenden erteilt. Darüber hinaus hält der Meister kurze Vorträge, die zur Förderung der Konzentration, Geistesschärfe und Geisteskraft dienen, und den Schülern den Entwicklungsprozess verdeutlichen. Der Entwicklungsweg wird besonders klar, wenn der Meister von alten Meistern und deren Beiträgen zur Individuellen Meditation erzählt.

Die zweite wichtige Eigenschaft einer Meditationswoche bezieht sich auf funktionelle Regeln, an die sich alle Teilnehmer halten sollten. In der Individuellen Meditation hat der erste Meister und Gründer der Individuellen Meditation den Begriff »funktionelle Regeln« eingeführt. Der Sinn dieses Ausdrucks besteht darin, dass die Tradition der Individuellen Meditation sich von allen anderen Traditionen in Bezug auf Dogmen unterscheidet. Während andere Traditionen auf Dogmen basieren und dadurch im Grundsatz unverändert bleiben, nahm sich der Gründer der Individuellen Meditation vor, diese Tradition anpassungsfähig zu erhalten und führte als ihre Basis die funktionellen Regeln ein. Eine funktionelle Regel hat nur dann Gültigkeit, wenn durch ihre Anwendung ein klarer Vorteil für den Übenden entsteht. Sollte eine funktionelle Regel irgendwann in veränderten Umständen für den Übenden nachteilig werden, sollte sie durch eine effizientere Regel ersetzt werden. Ein gutes Beispiel dafür ist die Regel, dass es in der Individuellen Meditation keine Dogmen geben sollte. Diese Regel ist auch nur als eine funktionelle Regel zu betrachten, d. h., sie hat ihre Gültigkeit, solange die Dogmen für die persönliche Entwicklung als nachteilig betrachtet werden. Falls irgendwann ein Dogma für die persönliche Entwicklung vorteilhafter wäre als die Flexibilität im Umgang mit der Realität, dann würde man diese Regel durch eine andere funktionelle Regel ersetzen, nämlich dass es auch Dogmen geben dürfe, wenn sie der persönlichen Entwicklung dienen würden.

Die Vorträge und Regeln für eine Meditationswoche sind so konzipiert, dass sie aus der Gruppe ein Team bilden, in dem sich alle füreinander einsetzen, um die definierten Ziele für diese Woche zu erreichen. Meistens wird auch die Regel der *edlen Stille* praktiziert, die darin besteht, dass die Teilnehmer schweigen, keine Telefonate führen, nichts lesen, keinen Blickkontakt mit den anderen suchen und, soweit möglich, auch auf innere Gespräche mit sich selbst verzichten.

Die Teilnehmer an Meditationswochen berichten, dass sie nach den Meditationswochen bei sich nicht nur eine Verbesserung der Konzentration, Geistesschärfe und Geisteskraft erkennen, sondern sich zudem erholter fühlen als nach einem Urlaub.

Während der Meditationswoche kümmert sich der Meditationsmeister um die richtige Bewegung seiner Teilnehmer (Hatha-Yoga und oft lange Gehmeditationen), um die Stressbewältigung über dazu geeignete Meditationstechniken und um ausreichenden Schlaf (meist von 22 bis 6 Uhr). Die Teilnehmer verzichten auf alle Stressfaktoren, welchen sie in einem Urlaub ausgesetzt wären (Fernsehen, Alkohol, Rauchen, soziale Kontakte). Im Urlaub kann man sich zwar tief entspannen und körperlich erholen, indem man aufhört sich mit den Inhalten zu beschäftigen, die zum chronischen Stress führen (Arbeitsdruck, Familienkonflikte, Kinder), aber die Rückkehr in den Alltag erlebt man desto stärker als eine Zwangsernüchterung: Man hat den Eindruck, in eine Welt zurückzukehren, die einem überhaupt nicht mehr entspricht, was eher Anpassungsprobleme als Glücksgefühle zur Folge hat. Eine Meditationswoche versetzt den Übenden in einen Zustand der optimalen Spannung, während der Urlaub den Urlauber entspannt und die Entspannung durch den Konsum von Genussmitteln verstärkt und sogar die Gewohnheit entwickelt, die Entspannung zu genießen.

Die Meisten streben die Entspannung an, weil dies ein angenehmer Zustand ist. Man versetzt sich auch leicht in eine Trance und genießt die Wachträume, die dabei entstehen. Sich zu entspannen ist oft der Weg zu einer tiefen Erholung. Dauert die Entspannung aber länger als nur ein paar Minuten und wiederholt sie sich regelmäßig im Lauf vieler Tage, bildet sich die Gewohnheit, sich nach diesem Zustand immer häufiger zu sehen, was im Alltag zur Folge haben könnte, dass wir anfangen unsere Aufgaben zu vermeiden und die Entspannung nicht mehr nur gezielt zur Erholung, sondern auch zum Genuss anzuwenden. Befindet sich jemand hingegen in einem Zustand der optimalen Spannung, kann er seine Aufgaben leichter bewältigen und sich durch den erzielten Erfolg auf Dauer besser motivieren, weitere Aufgaben in Angriff zu nehmen, statt sich, wie bei der Entspannung, gehen zu lassen. Deshalb empfiehlt es sich, die optimale Spannung als einen für den Alltag besser geeigneten Zustand zu betrachten, statt sich so zu entspannen, dass die Leistungsfähigkeit dadurch verringert wird.

Bei einer Meditationswoche im Rahmen der Individuellen Meditation wird verstärkt auch auf eine gesunde Ernährung mit frischen Nahrungsmitteln geachtet. Leidet ein Teilnehmer während der Meditationswoche unter akuten emotionalen Problemen, so werden auch diese behandelt. Der Meister achtet besonders auf emotionale Blockaden (Ängste, Ärger, Depression, innere Verspannung und Unzufriedenheit), die durch die Einstellung verursacht werden, die Meditationswoche nicht aushalten zu können oder als viel zu schwer zu empfinden. Für die Überwindung solcher Blockaden sind besonders Meditationstechniken geeignet, bei welchen der Übende seine Aufmerksamkeit auf die vorhandene Blockade richtet und sie als Meditationsobjekt betrachtet. Hat jemand beispielsweise Angst vor Schmerzen bei langen Sitzmeditationen, wartet er auf diese Angst und beobachtet sie neutral, als wollte er die Frage beantworten, ob die Angst gleich bleiben, ihn überwältigen, sich abschwächen oder verschwinden wird.

Eine Meditationswoche für fortgeschrittene Übende unterscheidet sich wesentlich von den Meditationswochen für Anfänger und für diejenigen, die sich mit der eigenen Entwicklung nur sporadisch beschäftigen.

Beispielsweise wird die funktionelle Regel der »edlen Stille« konsequenter umgesetzt. Der Grund dafür ist nicht, dass der Meister sich darum stärker bemüht, sondern dass die fortgeschrittenen Schüler diese Regel intuitiv umsetzen. Sie sehen ein, dass sie sich auf diese Art der Meditation besser widmen können. Außerdem dauern manche Sitzmeditationen bei den Meditationswochen für Fortgeschrittene deutlich länger (bis zu 2,5 Stunden). Meditationstechniken, die den fortgeschrittenen Teilnehmern mehr entsprechen als den anderen, sind die edle Meditation der Gottesform und die Meditation der edlen Stille. Menschen, die zu einer solchen Meditationswoche kommen, brauchen im Durchschnitt weniger Schlaf als andere Menschen – deshalb meditieren sie von frühmorgens bis spätabends.

Um optimale Ergebnisse bei einem Rückzug zu erzielen, versucht der Meister zusammen mit seinen Teilnehmern auch optimale Umstände zu schaffen, dazu gehört besonders das Berücksichtigen der Jahreszeiten. Bei Anfängern spielen die Jahreszeiten noch eine geringere Rolle als bei Fortgeschrittenen, die über eine bessere Aufmerksamkeit verfügen – dadurch wirkt sich jede Meditation auf das Bewusstsein und den Körper des Übenden wesentlich kräftiger aus. Ein gutes Beispiel dafür ist eine so genannte *Kraftmeditation*: Im Sommer fördert sie die geistige Klarheit, im Winter versetzt sie den Übenden in Trance!

Manche Menschen denken, dass es ausreichend wäre, wenn ihr Meditationsmeister sie anweisen würde, wie sie für sich allein eine Meditationswoche organisieren sollten. Sie fragen sich deshalb, warum sie überhaupt zu einer Meditationswoche kommen sollten, wenn sie alle Übungen auch allein praktizieren können. Neben der pragmatischen Antwort, dass in allen großen meditativen Traditionen seit Jahrtausenden Rückzüge in kleineren oder größeren Gruppen praktiziert werden, gibt es Folgende, noch wichtigere Gründe:

1. Eine Gruppe wirkt auf den Übenden motivierend, weil er nicht nur für sich allein die Verantwortung übernimmt, sondern auch für den Fortschritt der anderen Meditierenden.
2. Der Meister erteilt allen Teilnehmern Anweisungen zum Meditieren, korrigiert sie und gibt kritische Hinweise in der Gruppe. Diese Informationen stehen gleichzeitig allen Meditierenden zur Verfügung – dadurch werden viele Fehler im Vorfeld behoben, weil jeder Teilnehmer nicht nur aus den eigenen Fehlern, sondern auch aus den Fehlern anderer lernen kann.
3. Die geistige Entwicklung besteht aus dem Weg der Praxis und dem Weg des Wissens. Ein auf die ganze Gruppe zugeschnittener Vortrag kann wesentlich mehr bewirken – der Effekt multipliziert sich – als die Anweisung für eine Person. Dabei berücksichtigt der Meister das Wissen, die Fähigkeiten

und die Entwicklungsbedürfnisse aller Teilnehmer, damit die Gruppe allmählich zu einem Team wird und jeder sich für den anderen einsetzt.

4. Die »edle Stille« bringt nur dann den richtigen Effekt, wenn der Übende Herausforderungen ausgesetzt ist: Dies sind die anderen Teilnehmer, deren Anwesenheit ihn zwingt seinen Geist unter Kontrolle zu halten. Besonders in Situationen, in welchen er gezwungen ist sich so unauffällig wie möglich zu verhalten und die nichtverbale Kommunikation auf ein Minimum zu reduzieren, dient die Regel der »edlen Stille« als Leitfaden zum richtigen Umgang mit sich, mit andern und sogar mit den Gegenständen und Situationen, in denen er sich während der Meditationswoche befindet (bei Mahlzeiten oder während einer Gehmeditation).

5. Gehmeditationen können nur in einer Gruppe praktiziert werden – im Sommer z. B. sollten die Übenden gleichzeitig auf den Gleichschritt achten, einen gleichmäßigen Abstand zum »Vordermann« halten und bei jedem Schritt ihre Fußsohlen wahrnehmen.

6. Manche Meditationstechniken entwickeln ihre volle Wirkung nur in einer Gruppe. Dazu gehören Mantrameditationen, bei denen eine Silbe, ein Wort oder ein bestimmter Satz laut gesungen bzw. »gechantet« wird.

7. Die Zeit des Meisters ist eine begrenzte Ressource. Es ist deshalb viel effizienter, dass er seine Zeit einer Gruppe zur Verfügung stellt, als dass er von einer Einzelperson beansprucht wird – er beobachtet die Gruppe und kann rechtzeitig irreführenden Praktiken unterbrechen und durch richtige Anweisungen den Fortschritt sichern. Beispiele solcher Interventionen sind, die falsche Körperhaltung bei der Sitzmeditation zu korrigieren, die Trance und den Schlaf, in die mancher Übende gelegentlich gerät, zu unterbrechen, oder den verlorenen Gleichschritt bei der Gehmeditation wieder herzustellen.

Rückzüge in die Einsamkeit
Im Hinduismus ist ein Bestandteil der persönlichen Entwicklung, sich in den Wald zurückzuziehen, um dort den Weg zu sich selbst und damit auch zu Gott zu finden.

Seit der Entstehung des Buddhismus wird der Rückzug in die Einsamkeit als der wichtigste Bestandteil des Lebens eines Wandermönchs praktiziert. Das Leben eines Wandermönchs besteht aus zwei Teilen: aus dem Leben in der buddhistischen Gemeinschaft (Sangha) und aus dem Wandern von Ort zu Ort, um dem Weg aller Buddhas zu folgen.

In der christlichen Tradition zieht sich der Gläubige in die Einsamkeit zurück, um Gott näher zu kommen, wodurch er sich von allen Ablenkungen befreit, die durch die Anwesenheit anderer Menschen entstehen. Außerdem folgt er dadurch dem Weg Jesu Christi, der selbst 40 Tage in der Wüste verbrachte.

In der Individuellen Meditation haben meistens nur die Linienhalter und die Meister Rückzüge in die Einsamkeit praktiziert. Sie betrachteten dies als letzte Prüfung für die drei Geistessäulen: die Konzentration, die Geistesschärfe und die Geisteskraft.

Für einen Schüler ist es nur dann empfehlenswert, sich in die Einsamkeit zurückzuziehen, wenn er von seinem Meister die Bestätigung bekommen hat, dass er den Entwicklungsweg gemeistert und alle drei Geistessäulen bis zum gleichen Niveau entwickelt hat.

Ein Rückzug in die Einsamkeit besteht aus einem ziemlich asketischen Leben: Der Übende praktiziert Kontemplative Meditationen, indem er sich einem Thema so lange widmet, bis er die tiefste Einsicht in das Thema bekommt. Dabei unterbricht er sein Meditieren nur, wenn er schlafen muss. Er meditiert nicht nur im Sitzen und im Gehen, sondern auch beim Essen und bei der Erledigung seiner physiologischen Bedürfnisse. Gefesselt von dem Thema, mit dem er sich beschäftigt, verliert er oft das Gefühl für die Zeit, versetzt sich in einen so genannten Flow-Zustand und erkennt erst dann, wo er war, nachdem er die Einsicht, nach der er im Thema gesucht hat, bekommen hat.

Die Rückzüge in die Einsamkeit sind einerseits die edelste Art des Meditierens, anderseits aber auch die gefährlichste. Bei einer nicht ausreichenden Geisteskraft kommt es manchmal vor, dass der Übende sich der Sinnesfreude hingibt oder die Zeit in der lauwarmen Trance verbringt. Deshalb sind notwendige Voraussetzungen für diese Art des Meditierens die Stufe der *mühelosen* Konzentration, eine *absolute* Geistesschärfe und eine *perfekte* Geisteskraft. Da der Schüler selbst nicht beurteilen kann, ob er diese Voraussetzungen erfüllt, ist er auf die Weisheit seines Meisters angewiesen, der, wenn er selbst die Rückzüge in die Einsamkeit mehrmals erlebt hat, erkennen kann, wann sein Schüler für diese Art der Praxis zur persönlichen Entwicklung bereit ist.

Es empfiehlt sich, alle möglichen Formen von Rückzügen zu praktizieren, damit man alle Möglichkeiten zur persönlichen Entwicklung nutzt und dadurch gleichmäßig die Konzentration, die Geistesschärfe und die Geisteskräfte fördert und weiterentwickelt. Allerdings sollten die Rückzüge in die Einsamkeit, wann immer möglich, unter der Anleitung des Meisters erfolgen.

Vorbereitungen auf den großen Sprung

Abb. 10

In Abb. 10 sitzt der Mann auf dem Elefanten und erlangt, im Sinn der tibetischen Tradition, jenen Zustand, den man als geistige Sammlung (*zhine*) bezeichnet. Der Mann hat den Elefanten so gezähmt, dass dieser den Weg allein finden kann. Dementsprechend verfügt der Übende vollständig über den eigenen Geist und vereinigt sich gelegentlich sogar mit ihm, was nicht nur Vorteile, sondern auch Hindernisse mit sich bringt.

Was man auf dem meditativen Weg erreicht hat, muss vertieft werden, sonst kann es passieren, dass sich der Übende unter dem Einfluss des Alltags immer weniger um die eigene geistige Klarheit bemüht und nicht weiterkommt. Obwohl die drei Pfeiler des Geistes – Konzentration, Achtsamkeit und Geisteskraft – nicht mehr zurückgebildet werden können, solange der Übende gesund bleibt, kommt es vor, dass sie im Alltag ungeschickt benutzt werden. Deshalb empfiehlt der Meister seinem Schüler, die *formellen* Meditationen weiterhin zu praktizieren.

Formelle Meditationen sind spezielle Übungen, die der Übende nur dann praktizieren kann, wenn er sich für eine bestimmte Zeit aus dem alltäglichen Leben zurückzieht und sich ausschließlich der Meditation widmet. Sie fördern eine der Geistessäulen und können, im Gegensatz zur *informellen* Meditation, nicht in den Alltag integriert werden. Informelle Meditationen können alle sich wiederholenden täglichen Aktivitäten werden, wenn der Übende sie zum Meditationsobjekt definiert und auf eine meditative Art, das heißt achtsam und mit voller Konzentration ausübt. Solche Aktivitäten sind beispielsweise essen, sich duschen, spazieren gehen oder einen Text formatieren.

Obwohl der Übende die formelle Meditation oft als Zeitverlust empfindet und dies seinem Meister sogar mitteilt, erzielen diese Meditationen einen für den Schüler unvergleichlichen Effekt: Der Übende fängt an, die Meditation zu genießen, er schweift während des Meditierens nicht mehr ab und bleibt trotzdem in seinem Inneren frei, ohne an dem Ziel des Meditierens zu haften, was zur Folge hat, dass bestimmte Teile der Großhirnrinde synchronisiert werden und das Gehirn nun seine Aufgaben mit viel weniger Energieaufwand erledigen kann. Der Geist des Übenden ist auf dieser Stufe zwar *gezähmt*, aber noch nicht *aktiv*. Dem Übenden steht noch bevor, sich mit dem eigenen Geist zu vereinigen, was sich auf zweierlei Art verstehen lässt:
1. der Übende wird eins mit dem Geist oder
2. der Geist wird eins mit dem Übenden.

Beide Antworten zielen scheinbar auf ein und dasselbe; sie enthalten jedoch zwei fundamental unterschiedliche Bedeutungen in sich:

Wird der *Übende eins mit dem Geist,* verliert sich der Übende und es bleibt nur noch der Elefant, also der gezähmte Wille übrig, der zwar in sich verweilen und sich weiter in die gleiche Richtung bewegen kann, solange sich die Lebensumstände des Übenden nicht verändern. Kommt es jedoch zur kleinsten Veränderung der Lebensumstände, ist der Wille des Übenden nicht in der Lage, sich dieser Veränderung anzupassen, und er verliert sich allmählich selbst. Der Übende entfernt sich von seinem Ziel und verliert damit endgültig die Chance für den »Großen Sprung«, nämlich die Frage zu beantworten, ob es eine andere Wirklichkeit gibt oder nicht.

Wird hingegen *der Geist eins mit dem Übenden*, verschwindet der Elefant: Der Wille weiß nun, wie der gezähmte Elefant, was zu tun ist und erfüllt die Wünsche des Übenden.

Der Schüler trennt sich nun endgültig von seinem Meister. Dennoch bleiben sie für immer in einer geistig untrennbaren Beziehung – der Meister hat nicht nur das eigene Wissen, sondern auch das Wissen und die Leben aller vergangener Meister in den Weg des Schülers eingewoben –; deshalb bleibt er als stiller Zeuge aller Geschehnisse im Geist des Schülers präsent. Außerdem entscheidet der Meister, seinen Schüler weiterhin gelegentlich zu treffen und ihm nach Bedarf zu helfen. Solange er weiß, dass der Schüler die Barriere des Meisters vor sich hat, trägt er die Verantwortung für den Schüler und dessen Weg.

Bevor er dem Schüler dessen Weg selbst überlässt, stehen dem Meister noch zwei letzte Aufgaben bevor:

1. den Schüler auf dem Weg der Einsichtsmeditation zu begleiten, bis dieser das »Koan« über die andere Wirklichkeit gelöst hat (sei es die Natur Gottes oder sich selbst zu erkennen),

2. die endgültige Einsicht des Schülers in die Wahre Natur aller Dinge zu bestätigen.

In anderen Traditionen (Hinduismus und Buddhismus) ist diese Einsicht als *Samadhi* oder *Satori* bekannt – in der Individuellen Meditation entspricht sie der *Rückkehrer-Stufe* und stellt die Basis dafür dar, die eigene wahre Natur zu leben, d.h. genau das zu sein, was man tatsächlich ist und in sich erkannt hat.

Auf dieser Stufe zieht sich der Übende für eine längere Zeit zurück und widmet sich dem Meditieren, dem einzigen Zufluchtsort, der ihm nach der Trennung von seinem Meister noch geblieben ist. Solche Rückzüge dauern zwischen zwei und vier Wochen, und der Schüler legt jedes Mal den ganzen Entwicklungsweg zurück – vom Menschen, der hilflos hinter dem Elefanten herläuft, bis zu dem Menschen, der auf dem Elefanten sitzt, frei vom Haften und mit dem absolut ruhigen Geist, diesmal jedoch mit der Geistesschärfe, die ihm am Anfang des Weges gefehlt hat und mit einer Entschlossenheit, die er zuvor noch nicht kannte.

Einsichtsmeditation und Kreativität

Abb. 11

Der Mensch sitzt auf dem Elefanten und hält das Khadga (das flammende Schwert) in der Hand. Der Geist des Übenden ist gezähmt und bereit für die letzte Heldentat. Mit dem Schwert, der perfekten Geistesschärfe, steht ihm nun bevor, die letzte Barriere zu überwinden – seinen eigenen Meister. Der Übende fängt an, eine ganz neue, so genannte »höhere Meditation« zu praktizieren. Damit beginnt er, den Weg zur endgültigen Klarheit zu gehen.

Obwohl nicht ausschließlich für diese Stufe entwickelt, sind für sie am meisten so genannte Einsichtsmeditationen geeignet.

Sie sind im Buddhismus entstanden und wurden in der Individuellen Meditation weiterentwickelt. Als Weg zur Einsicht in die wahre Natur des eigenen Geistes werden dem

Schüler entweder ein Koan oder eine Shikantaza-Meditation erteilt. Koan sind offene Fragen, die am häufigsten im Zen-Buddhismus angewandt werden. Beispiele für Koan sind: »Was ist das Klatschen einer Hand?« oder »Was ist Wu?«

Mit dem Ausdruck »Shikantaza« bezeichnet man eine Lauerstellung. Dabei besteht das Ziel des Meditierens darin, auf die Geschehnisse im Bewusstsein zu achten, ohne ihnen geistig zu folgen oder über sie nachzudenken. Typische Aufgaben für Shikantaza-Meditationen sind, wahrgenommene Geräusche zu zählen oder auf Körperempfindungen zu achten.

Eine weitere Möglichkeit die geistige Klarheit zu erlangen, die ausschließlich in der Individuellen Meditation entwickelt wurde, ist der kreative Workshop, bestehend aus 16-20 Teilnehmern, die in kleine Gruppen von 3 bis 5 Personen unterteilt werden. Jede Gruppe bekommt eine meditative Aufgabe, die keine objektive Lösung hat, sondern durch mehrere aufeinander folgende Einsichten allmählich gelöst wird.

Ein Beispiel dafür stellt die Arbeit einer kleinen Gruppe dar, die im Jahr 2001 bei einem Workshop von mir betreut wurde. Die Gruppe bestand aus einem Atheisten, einer gläubigen Person und zwei Menschen, die neben Gott auch an andere Wesenheiten im Universum glaubten (beispielsweise an Engel, an intelligente Energien, den eigenen Schutzengel und Seelen von verstorbenen Menschen).

Die Aufgabe der Gruppe war es, folgende Frage zu beantworten: »Wenn es einen Gott gäbe, was wäre er?« Im Lauf des viertägigen Workshops lieferte die Gruppe unterschiedliche Lösungen, bis sie sich miteinander so vereinigt hatten, dass sie anfingen, wie ein einziger Mensch zu denken. Die große Einsicht kam am vierten Tag. Die drei Pfeiler des Geistes (Konzentration, Geistesschärfe und Geisteskraft) wurden während der vier Tage so eingesetzt, dass die ganze Gruppe zu einer gemeinsamen Lösung kam, die Pfeiler des Geistes meisterte und einen enormen Entwicklungssprung machte.

Daraus ergab sich eine wertvolle kreative Arbeit, die man sonst nur bei äußerst begabten Menschen finden kann.

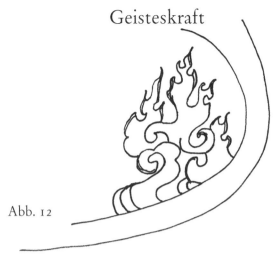

Geisteskraft

Abb. 12

Abb. 12 stellt das Feuer dar und steht symbolisch für die Geisteskraft. Es befindet sich an allen Abbildungen, mit Ausnahme der Abb. 1, auf der der Mensch noch nicht versucht, den Elefanten zu zähmen. Erst nachdem der Übende sich entschieden hat an der eigenen Entwicklung zu arbeiten, erscheint das Feuer auf dem Weg und weist auf die Bereitschaft des Übenden hin, seine Kraft, die Zeit und sein Können zur eigenen Entwicklung einzusetzen. In der Individuellen Meditation werden unterschiedliche Meditationstechniken als Mittel zur persönlichen Entwicklung praktiziert – das Feuer symbolisiert die fürs Meditieren notwendige geistige Kraft und gleichzeitig die Fortschritte des Übenden: Zuerst wird die Flamme schwächer, was darauf hinweist, dass der Übende immer weniger Kraft braucht, um richtig zu meditieren. Das Feuer wird am Ende des Weges wieder kräftiger – der Übende fängt an, so genannte »Höhere Meditationen« zu praktizieren.

Die Geisteskraft wächst allmählich gemäß einer besonderen Gesetzmäßigkeit: Am Anfang hat der Übende den Eindruck, dass seine Geisteskraft schnell wächst; später merkt er erst nach einigen Wochen oder Monaten, dass seine Geisteskraft zugenommen hat, bis er zu dem Schluss kommt, dass er nicht weiterkommt und – unabhängig davon, was und wie er meditiert – seine Geisteskraft gleich bleibt. Erst bei größeren, insbesondere von außen gestellten Herausforderungen fängt der Übende wieder an, sich zu überwinden und bemerkt, dass er einen Entwicklungssprung geschafft hat. Ein gutes Beispiel dafür ist das Wachstum der Geisteskraft während einer Meditationswoche.

Je weiter die Geisteskraft entwickelt wird, desto mehr Zeit benötigt der Übende, um einen erkennbaren Fortschritt zu machen. Nach einer Weile erreicht er die Stufe, bei der Fortschritte nur dann möglich sind, wenn er über einen längeren Zeitraum – mindestens eine Stunde – seinen Willen und seine Entschlossenheit so stark einsetzt, als hinge sein Leben davon ab.

Eine alte meditative Geschichte verdeutlicht diese Art des Meditierens, die zur Steigerung der Geisteskraft dient:

Einmal kam ein Meditationsmeister mit seinem Schüler an einen Fluss. Als sie über einen Balken gingen, der die Ufer des tiefen Flusses überbrückte, schubste der Meister den Schüler in den Fluss, ergriff seinen langen Haarschopf und drückte ihn unter Wasser. Der Schüler dachte zuerst, der Meister würde seine Gelassenheit überprüfen und leistete keinen Widerstand. Nachdem der Druck auf seinen Kopf jedoch nicht geringer wurde, fing er an zu kämpfen. Der Meister war jedoch kräftiger und der Schüler blieb trotz aller Anstrengung unter Wasser. Er konnte den Druck in der Lunge nicht mehr aushalten, hatte den Eindruck, dass seine Lunge gleich platzen würde und atmete aus. Gerade in dem Augenblick, in dem er eine unendliche Sehnsucht nach Luft verspürte und einatmen wollte, zog ihn sein Meister aus dem Wasser. Er schnappte gierig nach Luft und hörte die Stimme seines Meisters: »Wenn du dich nach der Erleuchtung so stark sehnen würdest, wie du dich gerade nach Luft gesehnt hast, wirst du sie erlangen!«

Um das letzte Hindernis, die »Torlose Schranke« zu überwinden und sich auf den letzten Dialog mit dem Meister vorzubereiten, fängt der Übende an, Meditationen zur Förderung der Geisteskraft zu praktizieren. Die Konzentration und die Geistesschärfe dürfen dabei nicht vernachlässigt werden, weil der Erfolg beim Meditieren zur Förderung der Geisteskraft davon abhängt, ob man sich der Meditationsaufgabe perfekt und ohne Abschweifungen widmen kann. Wenn die Konzentration des Übenden während des Übens schwankt, obwohl er bei der Meditationsaufgabe bleibt, kann seine Geisteskraft nicht wachsen. Bleibt sein Geist trotz aller Bemühungen trüb, kann er die Geisteskraft nicht fördern.

Erst wenn die notwendigen Voraussetzungen vorhanden sind (eine stabile Konzentration und eine perfekte Geistesschärfe), kann der Übende anfangen seine Meditationsaufgaben kraftvoll und mit Hingabe zu praktizieren. Dabei kommt genau das zum Vorschein, was in der Erzählung als Pointe erscheint: über die eigenen Grenzen hinauszugehen, um die Geisteskraft in sich zu spüren und zu fördern.

Meditationen zur Förderung der Geisteskraft
Obwohl fast jede Meditationstechnik zur Förderung der Geisteskraft angewandt werden kann, sind Atem-, Achtsamkeits- und Untersuchungsmeditationen am besten dazu geeignet.

Dazu gehört auch eine besondere Technik, die als »Waldmeditation« bekannt ist und in der Individuellen Meditation häufig auch als Gehmeditation praktiziert wird. Allerdings besteht ein Unterschied zwischen einer Waldmeditation und einer Gehmeditation: Die Waldmeditation kann nur alleine und im Freien praktiziert werden, während die Gehmeditation ausschließlich in einer Gruppe und im geschlossenen Raum geübt wird.

In der Individuellen Meditation wird von allen Atemmeditationen besonders eine Technik zur Förderung der

Geisteskraft angewandt, die speziell für fortgeschrittene Übende geeignet ist. Der Übende richtet bei dieser Meditation seine Aufmerksamkeit auf den Atem und zählt jeden Atemzyklus (einmal Ein- und Ausatmen) von 10 bis 1. Er fängt mit einem Einatmen an und versucht dann dem Atem gedankenlos zu folgen. Gelingt es ihm während eines Atemzyklus, keinen Gedanken zu haben, so zählt er im Geist »zehn«. Tauchen in seinem Bewusstsein andere Gedanken auf, sollte er wieder beginnen ab zehn zu zählen. Typische Gedanken, die während dieser Meditation auftauchen, sind: »Werde ich gedankenlos bleiben oder etwas denken?«, »Ich habe keinen Gedanken«, »Ich übe perfekt.« Bei solchen oder ähnlichen Gedanken sollte der Übende sich wieder auf den Atem konzentrieren und versuchen seinen Geist nur mit dem Atem zu erfüllen.

Ist der Übende sich selbst gegenüber ehrlich, stellt er bald fest, dass er nicht in der Lage ist, einen Atemzug ohne Gedanken wahrzunehmen, weil in seinem Bewusstsein trotz größter Anstrengungen die Gedanken willkürlich auftauchen. Erst nach einer längeren Meditationszeit, meist nach 6 bis 8 Wochen täglicher Übung, gelingt es ihm, die Barriere der Zahl Zehn zu überwinden.

Achtsamkeitsmeditationen bestehen darin, dass der Übende auf bestimmte Bewusstseinsereignisse lauert. Er sollte diesen Ereignissen gegenüber neutral bleiben und seine Aufmerksamkeit vor allem auf die Ereignisse richten, die sein Meister ihm als Meditationsaufgabe erteilt hat. Wenn er z. B. seine Aufmerksamkeit auf die Geräusche richten soll, sollte er sich aller Geräusche bewusst werden, die er während der Meditation wahrnimmt. Gleichzeitig soll er alle anderen Bewusstseinsinhalte übersehen, seien es Erinnerungen, Vorstellungen oder Körperempfindungen. Eine notwendige Voraussetzung für das Wachstum der Geisteskraft durch die Achtsamkeitsmeditation ist die Fähigkeit, sich über eine längere Zeit zu konzentrieren.

Untersuchungsmeditationen bestehen im Versuch des Übenden, den Teil seiner subjektiven Realität zu erforschen, den ihm sein Meister als Meditationsobjekt zugeteilt hat. Bei einer solchen Meditation richtet er die Aufmerksamkeit auf das eigene Bewusstsein und nimmt die in diesem Augenblick entstehenden Gedanken wahr, bevor sie zu Worten und Sätzen werden. Manche Gedanken erkennt er sofort, andere übersieht er, und weitere erscheinen erst nachträglich als Erinnerung.

Gehmeditationen im Wald stammen aus der buddhistischen Tradition. Pilgermönche praktizieren sie auf dem Weg zu heiligen Orten, weil sie glauben, sich auf diese Art zu inspirieren und Kraft zu gewinnen, um sich dem letzten Ziel zu nähern – die absolute geistige Klarheit zu erlangen, die man als die Abwesenheit aller geistigen Inhalte definiert. Eine solche Meditation besteht darin, dass der Übende die Aufmerksamkeit auf den eigenen Körper richtet, sich aller Bewegungen bewusst wird und sich letztendlich mit dem Prozess so vereinigt, dass er sich selbst verliert. Diese Vereinigung des Geistes mit der Bewegung hat der amerikanische Psychologe Mihaly Csikszentmihalyi als »Flow« bezeichnet.

Die große Einsicht und danach

In den großen Traditionen der Meditation wird die Erleuchtung als höchstes Ziel der persönlichen Entwicklung definiert. Im Buddhismus, der Wiege der Meditation, unterscheidet man zwischen der Erleuchtungserfahrung (jap. Kensho) und der endgültigen Erleuchtung, die unter dem Begriff Samadhi bzw. Satori bekannt ist. Die Ausdrücke Kensho und Satori werden manchmal synonym verwendet, manchmal beschreiben sie auch unterschiedliche Geisteszustände. Unter dem Begriff Kensho versteht man die zeitlich begrenzte Einsichtserfahrung, während der Ausdruck Satori einen zeitlich unbegrenzten »Zustand« bezeichnet.

Die Ausdrücke »Kensho« und »Satori« findet man in Büchern über Zen, den Ausdruck »Samadhi« in alten buddhistischen Schriften wie z. B. im Pali-Kanon und im Hinduismus.

In der Individuellen Meditation verwendet man den Begriff »Einsicht«, der sowohl die augenblickliche Einsichtserfahrung darstellt als auch die Fertigkeit des Geistes, die Einsicht zu erlangen.

Der Weg zum Samadhi wird in den verschiedenen Abzweigungen des Hinduismus auf unterschiedliche Art und Weise beschrieben. Trotzdem wird Samadhi in allen Richtungen des Hinduismus als dasselbe betrachtet: die große Einsicht in die Gottesnatur.

Die Erleuchtung in der christlichen Tradition besteht darin, sich von allen unmoralischen Gedanken und deren Auswirkungen zu befreien, sich Gott und der Erfüllung seiner eigenen Aufgaben zu widmen und auf diese Art den Weg zu Gott zu gehen. Der größte Wert ist nicht das Verstehen der Wirklichkeit, so wie sie ist, sondern das Erkennen der eigenen Rolle in der von Gott erschaffenen Welt sowie die Verwirklichung der eigenen Gottesnatur durch moralisch richtiges Denken und Handeln.

Die alten Meister der Individuellen Meditation benutzten zwei Begriffe für die höchste Stufe der geistigen Entwicklung: die große Einsicht und Samadhi. Allerdings unterscheidet man in der Individuellen Meditation fünf unterschiedliche Arten von Samadhi:

1. Zufälliger Samadhi,
2. Erzwungener Samadhi,
3. Kleiner Samadhi,
4. Positiver Samadhi,
5. Absoluter Samadhi,

Zufälliger Samadhi geschieht spontan und unkontrolliert; der Übende kann ihn nicht absichtlich erzeugen.

Die Wahrscheinlichkeit für eine solche Erfahrung wächst durch Tätigkeiten, welche die drei Pfeiler des Geistes beanspruchen. Beschäftigt sich ein Mensch auf meditative Art mit etwas, versetzt er sich früher oder später in einen Samadhi-Zustand, der in der Psychologie als »Flow« bekannt ist. »Flow« wird als eine Erfahrung der geistigen Klarheit und inneren Freude beschrieben, die durch die vierte Stufe der Konzentration (mühelose Konzentration) hervorgerufen wird. Die Person kann sich nur dann in diesen Zustand versetzen, wenn sie beginnt, das, was sie in diesem Augenblick tut, zu meistern. Sie kann den Flow-Zustand jedoch nicht nach Belieben hervorrufen, sondern es nur versuchen. Wenn sich im Geist eine perfekte Ordnung einstellt und sie sich dem augenblicklichen Tun mit Hingabe widmet, ergibt sich die Möglichkeit für eine Flow-Erfahrung, einen zufälligen Samadhi.

Besonders Künstler berichten oft über zufälligen Samadhi. Wer dieses Erlebnis einmal erfahren hat, entwickelt eine Art Sehnsucht danach und ist bestrebt, ihn wieder zu erreichen. Paradoxerweise hindert ihn jedoch diese Erfahrung, sich wieder in diesen Zustand zu versetzen – die Absicht steht ihm im Weg. Den zufälligen Samadhi erlangt der Übende nur dann, wenn er diesen Weg mit Hingabe und ohne Absicht zurücklegt.

Nur wer viele Wege zum Samadhi gemeistert hat, kann dem Übenden helfen, den Weg zum Samadhi ohne Absicht zu gehen und ans Ziel zu kommen.

Erzwungener Samadhi bezeichnet den Flow-Zustand, in den sich der Übende durch eine spezielle Kommunikation mit dem Meister versetzt. Zuerst schafft der Meister die notwendigen Voraussetzungen, um kurzfristig die Konzentration, Geistesschärfe und Geisteskraft des Übenden zu steigern. Danach bestimmt er die Techniken, die diese Pfeiler des Geistes fördern und den Übenden befähigen den Flow zu erlangen; eine solche Erfahrung erlebt der Übende normalerweise während einer Meditationswoche. Durch diese Flow-Erfahrung begreift er, dass die Einsicht in die wahre Natur aller Dinge möglich ist, und er entscheidet sich, den Weg zu sich oder zu Gott weiterzugehen.

Im Lauf eines Rückzuges (einer Meditationswoche und im Idealfall eines Retreats von 10 Tagen) bekommen die Übenden eine spezielle Aufgabe – oft eine offene Frage – und eine besondere Anweisung für die meditative Beschäftigung mit der Frage. Um die Antwort zu finden, müssen die Übenden nicht nur ihre Konzentration auf das höchste Niveau bringen, sondern dieses Niveau auch lange genug halten. Obwohl sie die Einsicht in die »Wirklichkeit« allein erlangen können, benötigen sie für den letzten Schritt die Bestätigung eines Meisters, die immer in einem Dialog mit dem Meister stattfindet.

Der Meister muss dafür zwei Voraussetzungen erfüllen: 1. die Kunst des meditativen Dialogs gemeistert haben und 2. in der Antwort des Übenden erkennen, ob dieser für den Dialog bereit ist und die Einsicht als richtig erfahren und erleben kann.

Die Kunst des meditativen Dialogs wurde im neunten Jahrhundert in China entwickelt. Ein Meister namens Chao-Chou forderte seine Schüler auf, die Frage »Was ist Wu?« zu beantworten. Meistens akzeptierte er die Antworten seiner Schüler nicht. Kam er jedoch zu dem Schluss, dass der Schüler eine Einsicht bekommen hatte, fragte er nach der Begründung dieser Antwort und setzte den Dialog fort. Diese Art des Gesprächs wurde bis heute weiterentwickelt. Daraus entstand allmählich eine meditative Technik, die mit der Kunst des Bogenschießens und anderen meditativen Künsten gleichzusetzen ist. Die alten Meister der Individuellen Meditation entdeckten, dass sie Samadhi erreichen können, indem sie die Kunst der Befragung meisterten. Durch die Konzentration auf den Dialog betrachteten sie den Dialog mit dem Schüler als ihre eigene Meditation. Auf diese Weise konnten sie den Weg zur Einsicht jedes Mal mit dem Schüler zusammen gehen und die Einsicht gleichzeitig mit dem Schüler erlangen.

Die Kunst des meditativen Dialogs besteht aus zwei Wegen, die sich in einem Augenblick vereinigen: Die Einsicht des Meisters wird auf den Schüler übertragen. Versetzt sich der Meister im Lauf des Dialogs in den Samadhi-Zustand, überträgt er diese Frucht auf den Schüler. Kann er Samadhi durch die Kunst des Dialogs nicht erreichen, so bleibt auch der Schüler, trotz aller Mühe und Entschlossenheit, ohne Samadhi.

Die Kunst des meditativen Dialogs betrachtet man als einen der Wege zum positiven Samadhi und gleichzeitig als eine der notwendigen Stufen zum *absoluten Samadhi*.

Ob der Schüler für den Weg zur Einsicht durch den meditativen Dialog bereit ist, erkennt der Meister nur dann, wenn er sich im Flow-Zustand befindet und sich dem Prozess des Dialogs so hingibt, dass er sich verliert und mit dem Prozess vereinigt.

Der Begriff *kleiner Samadhi* wurde aus dem Zen in die Lehre der Individuellen Meditation übernommen, allerdings heißt er im Zen Kensho. Meistens geschehen solche Erfahrungen bei denjenigen, die den Elefanten bereits gezähmt, sich von den Geistestäuschungen befreit und den Zhine-Zustand (die geistige Klarheit) erlangt haben. Sie befinden sich auf der Reise, die man »Ausreifen des Geistes« nennt, und widmen sich dem Meditieren Tag und Nacht. Durch den kleinen Samadhi fangen sie an, den Weg zum großen Ziel Schritt für Schritt zu meistern.

Positiver Samadhi bezeichnet das große Entwicklungsziel – es bezieht sich auf den Zustand, in den sich der Meister versetzt, wenn er eine Tätigkeit ausübt, die er gemeistert hat. Gute Beispiele dafür sind die Kunst des Bogenschießens, fernöstliche Kampfsportarten, Kalligrafie, Ikebana, Teezeremonie und religiöse Rituale. Wer sein ganzes Leben einer solchen Praxis widmet und das Glück hat, von cinem wahren Meister betreut zu werden, erlangt die Einsicht in die Wahre Natur aller Dinge.

Wer eine Domäne bis zur Perfektion gemeistert hat, verfügt über die absolute Weisheit in diesem Bereich. Beschäftigt er sich mit einer anderen Tätigkeit, fehlt ihm allerdings das Geschick, in dieser Tätigkeit weise zu denken und weise zu handeln. Die erworbene Weisheit lässt sich leider nicht auf andere Lebensbereiche übertragen.

Absoluter Samadhi – der Übende erreicht den absoluten Samadhi, wenn er den Weg der Individuellen Meditation geht. Dabei fördert er die Geistesfunktionen, die sich als letzte in der Entwicklung der Menschheit gebildet haben – vor allem komplexes und planendes Denken und Kreativität. Er beschäftigt sich mit unterschiedlichen Inhalten und überträgt den meditativen Ansatz auf seinen Alltag. Dadurch hört er allmählich auf, »formelle« Meditation zu praktizieren.

Stattdessen schärft er seinen Geist und eignet sich die Weisheit an, die ihn befähigt, sich in unterschiedlichen Lebenssituationen zurechtzufinden, was als *pragmatische Intelligenz* in der Psychologie bekannt ist. Die pragmatische Intelligenz hängt wenig von der *analytischen Intelligenz* ab, sondern lässt sich allein durch einfache logische Operationen weiterentwickeln. Deshalb ist der Weg zur Weisheit für alle frei. Die Weisheit tatsächlich zu erlangen, hängt von zwei Faktoren ab:

1. der Bereitschaft des Schülers, sich dem größten Abenteuer seines Lebens hinzugeben – an der eigenen Entwicklung über viele Jahre zu arbeiten,
2. etwas Glück – dem richtigen Meister zu begegnen, der dem Schüler gerade jenes Wissen und die Ratschläge geben kann, die er auf seiner langen Reise zur Weisheit benötigt.

Dem Übenden steht nun noch ein großer Schritt bevor, den Weg des Meisters zu gehen. Er begreift, dass er sich nicht am Ende, sondern erst am Beginn seines wahren Lebens befindet. Eine leichte Freude erfüllt ihn, weil er zum ersten Mal weiß, dass die andere Wirklichkeit ihm nicht mehr entkommt und dass er sich nach ihr nicht mehr sehnt – er fühlt sich frei, sein Blick ist breit wie das Universum, sein Geist ruhig wie *shunyata*, die große Leere, und er selbst verkörpert die große, perfekte und universelle Weisheit – die Weisheit über die Vergänglichkeit aller Dinge.

Glossar

Achtsamkeitsmeditation: Die Achtsamkeitsmeditation besteht darin, dass der Übende seine Aufmerksamkeit auf kein Objekt richtet, sondern in der so genannten Lauerstellung alles in seinem Bewusstsein geschehen lässt. Man unterscheidet vier Gruppen von Feldern, auf die der Übende seine Aufmerksamkeit in breiter Weise richten kann: Sinneseindrücke, Körperempfindungen, Gefühle und Gedanken.

Asanas: Körperübungen zur Stärkung des Körpers im Rahmen der Yoga-Tradition.

Bewusstsein: a) Das Wissen über den Unterschied zwischen dem, was man ist, und dem, was man nicht ist; b) das Wissen, dass man ist.

Einsicht in die wahre Natur aller Dinge: Die Erkenntnis des Übenden, dass alle Dinge vergänglich sind und dass sie nur als Erinnerungen im Geist des Übenden dauerhaft existieren.

Einsichtsmeditation: Entstanden im Buddhismus, wurde sie in der Lehre der individuellen Meditation weiterentwickelt und dient als der Weg zur Einsicht in die wahre Natur des eigenen Geistes, entweder in Form des Koan oder der Shikantaza-Meditation.

Erleuchtung: Die während des Meditierens unvermittelte Erfahrung der Realität, so wie sie ist; entspricht dem Kensho im Zen-Buddhismus.

Endgültige Erleuchtung: Die Fähigkeit des Übenden, die Einsicht in die wahre Natur aller Dinge (die direkte Erfahrung der Realität, so wie sie ist) immer dann zu erlangen, wenn er es will.

Fangschlinge / Pasa: Die Fangschlinge dient dem Einfangen des Geistes, der aus der Sammlung flüchtet. Durch sie kann der Geist immer wieder herbeigeholt und an den jeweiligen Gegenstand der Konzentration in der Meditation herangeführt werden.

Felsenmeditation: Edle Meditation der absoluten Stille, bei welcher der Übende bewegungslos sitzt und in seinem Geist alles geschehen lässt.

Flammendes Schwert / Khadga: Das Schwert dient der Erkenntnis, denn mit ihm kann der Knoten der Unwissenheit durchschlagen werden.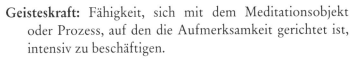

Gehmeditation: Stammt aus Burma, aus der Vipassana-Tradition bzw. dem Theravada-Buddhismus. Bezieht sich auf das Meditieren im Gehen, wobei das Gehen als Meditationsobjekt dient.

Geisteskraft: Fähigkeit, sich mit dem Meditationsobjekt oder Prozess, auf den die Aufmerksamkeit gerichtet ist, intensiv zu beschäftigen.

Geistesschärfe: In der Lehre der individuellen Meditation die Bezeichnung für zwei Arten der Achtsamkeit:
1. die Fähigkeit, die Bewusstseinsinhalte und die wahrgenommenen Reize voneinander zu unterscheiden und
2. die Fähigkeit, sich aller wahrgenommenen Geschehnisse bewusst zu werden – die Voraussetzung für das Leben im »Hier und Jetzt«.

Geistige Sammlung: Die aus der Meditation resultierende Fähigkeit, sich auf ein einzelnes Objekt zu konzentrieren und gleichzeitig sich aller für das erfolgreiche Meditieren relevanten Faktoren bewusst zu werden.

Hatha-Yoga: Eine Yoga-Richtung, bei der im Vordergrund verschiedene Körperstellungen und Praktiken stehen, die zur Körperertüchtigung und Verlängerung der Lebenserwartung dienen.

Individuelle Meditation: Eine auf die Person abgestimmte Übung, durch die der Übende die 3 Geistessäulen fördert, oder die ihn befähigt, Konzentration, Geistesschärfe oder Geisteskraft erfolgreich in seinem Alltag anzuwenden.

Kensho: Die Bezeichnung für die Erleuchtungserfahrung in der Zen-Tradition.

Koan / Offene Frage: Eine Frage (des Meisters), auf die es keine logische Antwort gibt und die dazu dient, den Übenden von seinen Denkmustern zu befreien und ihm dadurch die Einsicht in die wahre Natur aller Dinge zu ermöglichen. Ein Zen-Rätsel, dessen Lösung über die Logik hinausgeht.

Konzentration: die Fähigkeit, die Aufmerksamkeit auf ein einzelnes Objekt bzw. einen einzelnen Prozess zu richten. (Die Lehre der Individuellen Meditation unterscheidet 4 Konzentrationsstufen.)

Lauwarme Trance: Der Bewusstseinszustand, in dem der Übende sich vom Konzentrationsobjekt ablenken lässt, obwohl er die Absicht hat, die Aufmerksamkeit auf das Objekt ohne Abschweifungen zu richten.

Mantra: Ein Wort, eine verbale Formel oder ein Klang, der durch die bewusste Wiederholung bestimmte Effekte erzielt (z. B. Förderung der Konzentration).

Meditation: Eine kleine Übung, die einen der 3 Geistespfeiler (Konzentration, Geistesschärfe oder Geisteskraft) fördern soll. Die bewusste Beschäftigung mit einem oder mehreren Objekten oder einem Prozess.

Nirvana: Buddhistischer Ausdruck für die Leere, als Bezeichnung für die wahre Natur aller Dinge. Sie lässt sich nur dann erkennen, wenn der Übende aufhört, sich nach dem Gesetz von Ursachen und Wirkungen (skrt. Karma) zu verhalten und zu denken. Es geschieht erst dann, wenn der Übende sich vom Haften befreit.

Prana (skrt. Lebensatem / Lebenshauch): Hinduistische Bezeichnung für die universelle Lebensenergie oder Lebenskraft (Vergleichsbegriff im alten China: Atem-qi, in Japan: Ki, in Korea: Gi).

Qi: Taoistische Bezeichnung für die Lebenskraft, Energie, Atem oder Fluidum.

Retreat / Rückzug: Das Zurückziehen des Übenden aus seinem Alltag an einen Ort, an dem er sich nur noch der Meditation widmet. Die extreme Form bezieht sich auf ein ganz neues, so genanntes Eremitenleben. Andere Formen finden in unterschiedlichen Gruppen statt und unterscheiden sich voneinander in Bezug auf die Dauer des Rückzugs (von einem Tag bis zu einem Jahr), der Gruppengröße (von nur wenigen bis zu ca. 200 Menschen, der Betreuung (mit Meditationsmeister oder ohne) und dem Ziel (Heilung, Fasten, Entwicklung, religiöse Ziele).

Shunyata: Wörtlich »Leere« oder »Leerheit«. Alle Dinge werden als »nicht-wesenhaft« angesehen, von ihrer Selbstnatur her leer, allerdings darf man damit nicht auf einen Nihilismus schließen, sondern die Dinge existieren nicht außerhalb der Leere.

Sitzmeditation: Jede Meditation, die man im Sitzen praktiziert. Der Begriff stammt aus dem Zen-Buddhismus.

Samadhi / Satori: Die endgültige Einsicht des Schülers in die wahre Natur aller Dinge – entspricht der so genannten Rückkehrerstufe in der Lehre der Individuellen Meditation. Im Hinduismus die große Einsicht in die Gottesnatur.

Shikantaza: Eine Art des Zazen. *Shikan* heißt »nichts als« oder »nur«, *ta* heißt »treffen« und *za* »sitzen«. Es ist also eine Übung, bei der die Aufmerksamkeit vom Sitzen allein beansprucht wird.

So-Ham: So-Ham hat seinen Ursprung in den Upanishaden, und das Sanskritwort hat die Bedeutung »ich bin«. In der Individuellen Meditation wird So-Ham als ein Mantra mit doppeltem »M« bewertet, da das M lang ausgesprochen wird und so seine Wirkung auf den Übenden hat.

TCM / Traditionelle Chinesische Medizin: Komplexes System der Diagnostik und Behandlung in der chinesischen und fernöstlichen Tradition (etwa vor 2.500 Jahren entstanden).

Universelle Wahrheit: Die unvermittelte Erfahrung der Realität, so wie sie ist; die weder über die Sprache noch über andere Symbole vermittelte Erfahrung der Wirklichkeit, so wie sie ist.

Universelle Weisheit: Der Ausdruck stammt aus der Lehre der Individuellen Meditation: die Weisheit über die Vergänglichkeit aller Dinge.

Vipassana-Meditation: Meditationsform, die häufig im Theravada-Buddhismus praktiziert wird und bei der vier Gruppen von Meditationsobjekten benutzt werden: Außenreize, Körperempfindungen, Gefühle und Gedanken. Der Übende untersucht also bestimmte Aspekte der Realität.

Waldmeditation: Stammt aus dem Hinduismus und bezieht sich auf die Meditationen, welche diejenigen praktizieren, die sich in den Wald zurückgezogen und dadurch der Welt entsagt haben.

Yoga: Philosophisches System und praktischer Weg, der als Ziel die Befreiung (*moksha*) von der materiellen Welt hat.

Zen-Psychose: Psychische Störung, die während der Sitzmeditation bei den Zen-Meditationen entsteht. Das Hauptsymptom besteht darin, dass der Übende seine Meditation nicht unterbricht, wenn der Meditationsmeister das von ihm verlangt.

Über den Autor

Jün Xian ist Meister und Linienhalter der Individuellen Meditation.

Die Lehre der Individuellen Meditation entstand im 9. Jahrhundert unter dem Namen »Besondere Lehre« in Asien. In den Anfängen wurde die Lehre niedergeschrieben und erlangte auch so ihre Bekanntheit. Manche Linienhalter vertraten die Ansicht, es sei eine Sackgasse, die Lehre niederzuschreiben, und so wurde sie später nur mündlich vermittelt.

Durch die Weitergabe an den Nachfolger und ein Gremium wurde die Lehre bewahrt, und obwohl nicht immer zugänglich, geriet sie nie in Vergessenheit und tauchte oft Jahre oder Generationen später wieder in der Öffentlichkeit auf.

Noch heute kann man in ganz Asien die Spuren der Lehre verfolgen.

Im 20. Jahrhundert übertrug Meister Dhaly Charma die Lehre an 11 Schüler. Seinen Schüler Jün Xian ernannte er zum ersten westlichen Lehrer und Meister und übertrug ihm die Bewahrung der Linie.

Hier entstand auch der Name »Individuelle Meditation«, da die Lehre die Entwicklung des Individuums in den Mittelpunkt stellt und sich die meditative Betreuung nach den Bedürfnissen des Schülers richtet.

Jün Xian hält seit 1984 weltweit Meditationsseminare, betreut Meditierende durch »meditatives Coaching« und bildet Meditationslehrer aus, er lebt seit mehreren Jahren in Deutschland.

Anhand der alten tibetischen Geschichte »Das Zähmen des Elefanten und des Affen« erläutert Jün Xian die Stufen der geistigen Entwicklung und erklärt, wie die Säulen des Geistes – Konzentration, Achtsamkeit und Geisteskraft – dabei gefördert werden.

Die Lektüre ermöglicht der Leserin und dem Leser zu erkennen, wie ein meditativer Entwicklungsweg aussieht, welche Rolle ein Meditationsmeister einnimmt, und gewährt Einsichten in eine spannende Welt: die Welt der geistigen Klarheit.

Kontakt: im Internet über www.meditationaktuell.de

Im gleichen Verlag sind erschienen:

Myōkyō-ni Irmgard Schlögl
Die sanfte Wandlung des Bullen
Die zehn Bullenbilder – Eine spirituelle Reise
ISBN 978-3-932337-24-6

Mahathera Henepola Gunaratana
Die Praxis der Achtsamkeit
Eine Einführung in die Vipassana-Meditation
ISBN 978-3-921508-77-0

Fritz Küster
Das Geheimnis östlicher Weisheit
ISBN 978-3-921508-19-0

Rabindranath Tagore
Sadhana
Der Weg zur Vollendung
ISBN 978-3-932337-15-4

Hans-Günter Wagner (Hg.)
Das Kostbarste im Leben
Geschichten und Anekdoten des Chan-Buddhismus
ISBN 978-3-932337-26-0

Kakuzō Okakura
Die Ideale des Ostens
ISBN 978-3-932337-10-9

*Dies ist nur eine kleine Auswahl aus unserem Programm.
Fordern Sie das Gesamtverzeichnis an beim*
Werner Kristkeitz Verlag
Löbingsgasse 17 • 69121 Heidelberg
www.kristkeitz.de